AF194851

Ai Fava

Der Elbencode

Wie man manifestiert

Ai Fava

Der Elbencode

Wie man manifestiert

Mit Illustrationan von Fadi Alhakim

Bibliografische Information der Deutschen Nationalbibliothek: Die Deutsche Nationalbibliothek verzeichnet diese Publikation in der Deutschen Nationalbibliografie; detaillierte bibliografische Daten sind im Internet über dnb.dnb.de abrufbar.

Herstellung und Verlag:
BoD – Books on Demand, Norderstedt

ISBN: 9783754328484

Die erste Methode von vorerst Zweien

Der erste Satz Lonshadas war: Du musst es üben ... und während Du übst, wirst Du es mehr und mehr verstehen ...

Du willst dein Glück erschaffen. Das ist deine Bestimmung. Doch wie bei Allem musst Du wissen, wie es geht.

Wissen liegt herum wie Sandkörner. Es hat Alles Wissen. Auch das Schlechte. Wissen rieselt Dir oft durch deine geöffneten Finger wie trockener Sand. Du weißt nicht, wie Du es halten kannst, wie Du selbst zu einem Gefäß wirst.

Das ist die erste Wichtigkeit: Verstehe, dass Du ein Gefäß bist. Du musst zu dem Wissen, dass Du wissen willst werden.

Das zweite Wichtige ist: Finde die Form, die Du lieben kannst. Finde den Namen, den Du lieben kannst. Um dein Glück zu erschaffen musst Du lieben. Dich und Alle und Alles.

Alles in deinem Alltag kann Dir Wissen bringen. Es hängt nur davon ab, ob Du Dich öffnen kannst und willst.

Ich möchte dieses Buch so klar und kurz wie möglich halten, weil es kaum so klar und kurz gehalten wird. Folge deinem Herzen, mach´ Dir dieses Geschenk, lass´ ziehen, was Du nicht brauchst, so kommst Du zu Wissen, zu Deinem Wissen.

Lonshada ... lehrte mich ...

Ich schreibe später, was dieser Name für mich bedeutet ...

Der Mensch formt Wahrheiten. Der Mensch formt seine Wahrheiten. Liebe ist die Höchste. Liebe ist die Ursache aller Existenz und daher findet Alles immer in der ursächlichen, ewigen Liebe statt.

Was ist Existenz?

Dein Bewusstsein, Bewegung, Energie, Schwingung, Schwingungsdichte, bilden, auflösen, bleiben ...

Du und Jeder entstammt dem einen ewigen Liebes–Urlicht, indem wir immer sind. Wir fallen nie aus dieser Liebe, dennoch können wir Alles erleben und erfahren, was wir wollen.

Lonshada gab mir zuerst diese zwei Methoden. Eine Methode ist ein Schlüssel.

Aufzusperren bist DU!

Lonshada kann ein Drache sein, ein Mann, eine Frau, ein Engel ... Du bist immer und überall frei das Deine zu spüren.

Der wichtigste Zusammenhang, der erste Schlüssel:

Im Elben-Liebeskessel ist, was Du hineingibst.

Nehmen wir hier die Dinge beim Wort ... und belächeln Sie diese Methode nicht.

Stell´ Dir in deiner Lieblingslandschaft einen wun-
derschönen, großen Kessel vor. Er kann Dir bis zur
Hüfte reichen, golden sein.

Es ist gut, den Kessel, der niemals überfüllt ist, der
niemals übergehen kann, als erstes mit Dankbarkeit
zu füllen.

Warum? Weil Du empfänglich für gute Eigenschaften wirst und das ist gut für Dich.

Wie gibt man in den Kessel hinein?

Durch Formulieren und durch Fühlen. Sei aufrichtig. Habe Ruhe dabei.

Was willst Du?

Von Dir, von Anderen, vom Leben, von Gott?

Du willst Geld?

Gut.

Weißt Du auch wofür?

Ich befülle den Elben-Liebeskessel mit weißem, gutem Geld für mich und Alle.

Warum Alle?

Weil Du Alle bist.

Wenn Du Gutes haben sollst, sollen es die Anderen auch haben. Willst Du, dass es Jemand nicht hat, fällt es auf Dich zurück ohne Dir zu sagen, wann und wie.

Was bedeutet weiß?

Weiß bedeutet, dass es Dir wichtig ist, Niemandem zu schaden, keinem Wesen Qual zu zufügen. Wenn Du dies noch nicht vermeiden kannst, suche nach der bestmöglichen Lösung.

Du willst: Gesundheit, Kraft, innere Stärke, Vergebung, Freude, Schutz, Sicherheit, Frieden ...

Ich befülle den Elben-Liebeskessel mit Gesundheit ... für mich und Alle, jetzt und immerzu.

Ich befülle den Elben-Liebeskessel mit der Tatsache und Freude, dass meine Migräne verschwindet, verschwunden ist.

Ich möchte einer drohenden Situation entgehen:

Ich befülle den Elben-Liebeskessel, mit der Tatsache, dass meine Nachbarin und ich in Frieden unserer Wege gehen; dass meine Tochter ihr Interesse an Drogen komplett verliert; dass zwischen mir und dem Mann Namens A ein loser Kontakt besteht aber aller Stress verschwindet und ich von meiner widersprüchlichen Anziehung ihm gegenüber loskomme.

Ich habe Angst vor etwas:

Ich befülle den Elben-Liebeskessel mit meinem Wissen, dass die Operation an meinem Herzen gut verläuft; mit meinem Vertrauen, dass meine Zähne sofort zu mir gehören und ich sie liebe.

Ich möchte für Jemand Anderen etwas Positives bewusst bewirken:

Ich befülle den Elben-Liebeskessel mit der Tatsache, mich mit meinem Sohn hervorragend zu verstehen ... mit der Tatsache, dass er Sport betreibt, gut in der Schule zurechtkommt, gute Freunde hat ... weniger raucht ... dass er einen Lehrplatz findet, dass er eine liebevolle Freundin findet ...

Dem Anderen Gutes zu wünschen ist mächtig, ist wichtig. Wie und wann es eintritt hat aber stark mit den Zusammenhängen dieser Person zu tun.

Es wirkt Alles. Es ist etwas Gutes nie vergebens.

Fühlen Sie die Bedeutung von:

wenn es für Ihn oder Sie gut ist und wenn es für mich gut ist, so befülle ich seinen, ihren Elben-Liebeskessel mit Ordnung, Höflichkeit, Durchhaltevermögen ...mit der positiven Kraft, sich von negativen Zusammenhängen loszusagen.

Viele sagen, beten für Jemanden hilft. Andere sagen, Du kannst nicht statt einer Person für sie selbst etwas wollen. Beides stimmt. Es stimmt auch, dass Jene die wir lieben in uns sind. Und Jene, die wir hassen sind es auch. Die Liebe für

Jene, die wir lieben ist in uns und auch der Hass für Jene, die wir hassen ist in uns.

Mit der Zeit finden Sie heraus, wie Sie am liebsten Ihren Liebeskessel befüllen.

Ich befülle den Elben-Liebeskessel, mit der Auswirkung, dass Person A in mir die Prüfung in sich besteht; mit der Tatsache, dass Person B in mir problemlos aus ihrer Narkose erwacht; dass mein Hund in mir die Medikamente hervorragend in sich verträgt; mein Enkel in mir leicht und schnell zu einer schönen Kommunikation in sich findet; mit meiner Freude darüber, dass meinen Freund die Lethargie verlässt ...

Alle unsere Seelen sind eine Liebesseele und trotzdem bleibt unsere höchste Individualität erhalten, weil diese eine Liebesseele unsere höchste Individualität ist.

Du bleibst deine Persönlichkeit und gleichzeitig kannst Du deine Persönlichkeit formen; dass heißt, Du kannst Dich immer wahrnehmen, wenn Du das willst und Du kannst immer auf Dich Einfluss nehmen, das ist deine Freiheit.

Ein Name ist ein Ton, eine Tonabfolge und dieser Klang berührt dein Innerstes und bringt Dich in eine Schwingung und diese Schwingung liebst Du, wenn Du den Namen liebst.

Wir haben viele temporäre Individualitäten. Wenn Du eine deiner Individualitäten zu deiner Ewigkeit machen möchtest, dann kannst Du das und Du kannst es auch wieder ändern.

Wie?

Wir sind was wir fühlen und sein wollen. Niemand außer uns bestimmt das.

Für uns IST was wir fühlen.

Wenn ich mir Sorgen mache:

Sorgen sind ein Signal dafür, dass ich zu wenig oder gar nicht vertraue. Doch um vertrauen zu können muss ich wissen in was ich vertraue.

In was ICH vertraue.

Lonshada: Entweder vertraust Du oder nicht.

Wenn es uns an Vertrauen fehlt sehen unsere Sätze oft so aus:

Ich mache mir Sorgen, weil mein Kind viel zu dünn ist und nicht regelmäßig isst.

Ich mache mir Sorgen, weil mein Kind viel zu viel raucht, nur noch am Handy hängt, kaum noch spricht mit mir und permanent in selbst verursachtem Stress ist. Mein Kind will keinen Rat von mir, nur kommentarlos Geld.

12

Sorgen sind ein Zeichen von Verunsicherung. Wir wissen nicht, was wir tun sollen oder können nicht tun, was man uns sagt.

Lonshada:

Es ist völlig normal, etwas nicht zu wissen. Das wird Dir viele zahllose Male passieren. Wenn Dir Wissen Sicherheit gibt, dann kümmere Dich darum, dass Du weißt, was Du wissen willst.

Es kann sein, dass Du das, was Du an Wissen suchst scheinbar nicht findest.

Das kann mehrere Gründe haben.

Wenn Du es nirgends finden solltest, dann finde es vorläufig in Dir, nur in Dir.

DU reichst aus.

DU reichst völlig aus.

Du musst Dich auf Niemanden berufen.

Dein Wissen hat Gültigkeit.

Es ist nicht ausschlaggebend ob diese Gültigkeit für eine Person zutrifft oder für sechzehn Milliarden.

Ich befülle den Elben-Liebeskessel mit meinem Vertrauen in mich und in mein Kind und in Alle.

Ich befülle den Elben-Liebeskessel mit meinem Vertrauen in die Erfahrungen meines Kindes; mit dem Vertrauen, dass Alles seine Richtigkeit hat.

Ich befülle den Elben-Liebeskessel mit der Tatsache, dass mein Kind beschützt ist, am aller Meisten vor sich selbst; dass mein Kind die richtigen

Menschen antrifft, die einen positiven Sinneswandel auslösen; dass mein Kind die richtigen Entscheidungen fällt, bezüglich Geld, Ausbildung und Verpflichtung.

Ich weiß nicht, wandle ich um in:

mir ist es ein Rätsel, wie ich diesen Umstand erreichen kann, aber ich weiß, dass ich ihn erreiche; es entzieht sich meiner Kenntnis, was ich tun kann, aber ich öffne mich und die Lösung kommt auf mich zu.

Es ist aus dem großen Zusammenhang gesehen nicht eine Erfahrung wichtiger als eine Andere. Wichtig ist wichtig. Aber die Wichtigkeit bestimmst Du für Dich auch dann, wenn ein Anderer über Dich bestimmt.

Ich bestimme

Ich erhalte

Ich entscheide

Ich tue

Ich glaube an das was ich tue und ich habe in MICH geschaut, warum ich glaube, was ich glaube

... welche Bedürfnisse unter meinem Glauben liegen ... somit weiß ich ...

was für mich Schönheit ist,

was für mich Frieden ist,

was für mich Liebe ist,

was für mich Einheit ist,

14

was Gewaltlosigkeit ist,

was Freiheit ist,

wie das Paradies ist,

wie die Ewigkeit ist,

wo ich meine Grenzen habe und warum,

wo ich Mauern und Grenzen für mein eigenes Geborgenheitsgefühl brauche,

wo ich mich selber so umgarne, dass mir meine Strategien mich selber zu schützen gar nicht ersichtlich sind,

wovor ich mich beschütze,

wo ich mir selber auf den Leim gehe mit meiner Gewandtheit und all meinem Wissen,

wo mein Nichts beginnt,

wo meine Angst beginnt und aufhört,

wann meine Selbstzerstörung beginnt und warum,

wann mein Hass beginnt und warum,

wann mein Wahnsinn beginnt und warum,

wann ich Alles hinschmeiße und warum,

wann ich zu schwach für Alles und Nichts werde,

wann und warum ich das Handeln oder Nicht- Handeln von Politikern entschuldige,

warum ich jenes Idol verehre,

warum ich mich wegkiffe, Alkohol trinke,

wann ich aufgehört habe zu träumen,

wann ich den Kontakt zu mir verloren habe und warum.

Und weiß ich es noch nicht, befülle ich den Elben-Liebeskessel:

Mit der Tatsache, dass der Wahnsinn mit mir so verständlich spricht, dass ich ihm zuhören und ihn verstehen kann; dass mein Tod und meine Angst ein Gefühl annehmen, dass ich mich traue zu fühlen und sie mir zeigen, wie ich mich heilen kann, wie ich alle Zusammenhänge verstehen kann, wie ich Frieden finde; mit meinem Vertrauen, dass meine zutiefste Unsicherheit in sanften Dosierungen kommt, damit ich verkrafte, was mir als Kind geschehen ist.

Wenn ich bemerke, WAS ich eigentlich tue, obwohl ich es nicht sehen will:

Ich befülle den Elben-Liebeskessel:

Mit meiner Erkenntnis über mich, dass ich die junge Tochter meines neuen Freundes in meine Komfortzone zog, allein auf meine Doktrin beharrte, sie unter mein Kommando und meine Ideen stellte und einforderte, dass sie gefälligst glücklich ist, die verwöhnte, junge, unerzogene Dame ...

Da ich dies nun weiß, kann ich meine Einstellung ändern:

Ich befülle den Elben-Liebeskessel:

Mit meiner Fähigkeit darüber zu sprechen, was mich stresst, was mich aus meiner Ordnung, meinem Rhythmus wirft, wo ich mich unsicher fühle, wo ich eine Lösung, Verbesserung spüre und mich so gerne einbringen würde und dafür so gerne Dankbarkeit und Annahme hätte ...weil es sich so gut für mich anfühlt mein Wissen umzusetzen und gebraucht zu werden ... ...schließlich bin ich älter, erfahrener ... aber da ist ein Punkt, da beginnt meine eigene emotionale Verletzlichkeit in mir wieder zu schwingen ... und ich schaue mir das jetzt ganz genau an, bis ich weiß, warum die Person A das mit ihrem Verhalten in mir auslöst ...

Ich befülle den Elben-Liebeskessel:

Mit der Tatsache, dass ich sehe warum ich etwas tue. denke, fühle; dass ich meine emotionalen Verletzungen annehme und umwandle; dass ich meiner Mutter vergebe; mit meiner Kraft, die Beziehung mit Person A friedlich in mir aufzulösen, die Vergangenheit mit Person B loszulassen, meine Schuldgefühle loszulassen, aus dem Kreis der Probleme meines Vaters hinaus zu gehen und mich so zu entwickeln wie ich es will.

Wie willst Du denn sein?

Ich befülle den Elben-Liebskessel:

Mit der Fähigkeit mich zu freuen, kreativ zu sein, sportlich zu sein, ehrlich zu sein, schlank zu sein, erfolgreich mit meinen Ideen zu sein.

Gefühle wollen, müssen ausgedrückt werden. Wenn Dir der geistige Kessel zu wenig ist, mach´ auf eine simple Weise aus einem kleinen Tuch eine Form, die Du mit Zetteln befüllen kannst. Schreib Deinen

Namen auf dieses Gebilde. Befülle Dich, mit dem was Du willst.

Wenn umfangreichere Themen ein Problem sind, dann schreibe:

die Dominanz meines Kindes muss sich ändern. Ich brauche Respekt, Ehrlichkeit, Verlässlichkeit. Ich brauche die Bereitschaft meines Kindes zu kooperieren, den Müll zu trennen, Ordnung in seinem Kasten zu halten, nach dem Duschen das Bad ordentlich zu verlassen ...

Aber, wir haben schon festgestellt, dass es fast unmöglich ist, den Anderen zu ändern ...

Bleiben Sie, wenn möglich bei sich. Ändern Sie sich zuerst und Alles rund um Sie wird sich auch verändern.

Ich befülle meinen Elben-Liebeskessel:

mit meiner Bitte, dass mir Jemand, den ich akzeptieren kann, aufzeigt, woran ich an mir arbeiten muss.

Ich befülle den Elben-Liebeskessel mit der Bitte, dass meine Bedürfnisse erfüllt werden. Meine Bedürfnisse sind ...

Ich befülle den Elben-Liebeskessel mit meinem Spüren was mein Kind von mir braucht ...

Ich befülle den Elben-Liebeskessel mit der Bitte, der Klarheit, meinem Bemühen, meinem erfüllten Bedürfnis, meiner Sicherheit, meiner Aufrichtigkeit, meinem Willen ... alle negativen Wünsche ungeschehen zu machen; meine Nörgelei, meine

Vorwürfe zu stoppen und Dir empathisch zu sagen, was ich möchte; besser zu verstehen, was Du brauchst und zu verstehen, was ich brauche ...

Wenn Geld gestohlen wird, Drogen im Haus sind, das Auto ohne Erlaubnis entwendet wird:

Ich verbiete meinem Kind in mir, dass Auto zu nehmen. Ich will und brauche, dass mein Auto nur ich allein fahre. Ich brauche sofort eine Lösung. Ich vertraue der Liebe, die Allem zu Grunde liegt.

Die Situation mit den Drogen muss sich für mich ändern. Sofort. Ich brauche und will für mich und mein Kind Schutz und Sicherheit. Ich brauche Schutz vor meinem Kind und mein Kind braucht Schutz vor mir. Wir brauchen Beide Schutz vor den Drogen. Die Drogen müssen mich und mein Kind verlassen. Dazu vertraue ich auf die Liebe, die Allem zu Grunde liegt und ich im Äußeren anziehe, was mich unterstützt.

Ich befülle meinen Elben-Liebeskessel:

 mit dem Verbot ... mit der Gültigkeit ... mit der sofortigen Lösung ... mit der jetzt einsetzenden Veränderung, dass ...

Wenn die Wut über die Schwierigkeiten von Situationen unerträglich wird:

Ich wähle immer das Gute, immer das Vertrauen. Ich wähle immer das Leben aber meine Wut und Entschlossenheit auf die Zustände bekommen „die Zustände" in meinem Ich und in meinem Kind, Partner,

Vorgesetzten jetzt „im Beutel" ab, weil das der geringste Schaden ist.

Schlagen sie ihren selbst gebastelten Beutel an die Wand und schreien sie laut wie ein wütender Wikinger. Seien Sie unbeobachtet und ungehört.

Die Verlockung Schlechtes zu wünschen ist manchmal sehr groß.

Sie können aber Niemandem etwas wünschen ohne nicht selbst auch davon betroffen zu sein.

Lonshada:

Deine Schuld ist nicht größer als meine und umgekehrt, aber es gibt keine Schuld. Es gibt nur Umstände, die zu etwas führen.

Es ist nicht eine spirituelle Quelle besser als die Andere.

Finde das, was zu Dir passt, was Du in Dich aufnehmen kannst. Wähle deine Quelle. Jede Religion kommt an den Punkt, wo ihre eigentümliche Spezifität nicht mehr das Ausschlaggebende ist, weil jede wahre Religion zu Frieden und Liebe führt. Das letzte Drittel auf denselben Gipfel ist für Alle gleich.

Das Gute ist bleibend, das Schlechte nicht.

Warum bleibt das Schlechte nicht?

Weil Du Liebe möchtest.

Deswegen lasse das Schlechte liegen, greif' es nicht mehr auf. Du nimmst es nicht mehr mit, wenn Du Dich dafür entscheidest.

20

Es ist nicht ein Weg zu Gott besser als ein Anderer. Alle Wege führen zu Gott. Es ist nicht maßgeblich, wie sie beginnen, Tatsache ist, dass sie auf ein und denselben Gipfel der Liebe führen.

Gott berichtigt die Fehler der Menschen und Wesen nicht. Das tun wir selber.

Wie?

Durch Wollen.

Willst Du gut sein, sei es.

Lonshada:

Wenn Du je etwas gehört hast, dass Dich ängstigt, Dich traurig, unsicher, hilflos und verloren macht, glaub es nicht! Du musst es nicht glauben. Es ist zweitrangig, dritt-, viert-, fünft-, sechsrangig, ob es so ist oder nicht, denn es gibt für Beides eine Ebene, wo es stimmt.

Gehe in dein Herz, ersinne Schönes, ersinne einen Zustand, ein Befinden von Liebe, von Geborgenheit, ein Reich von Liebe und Geborgenheit und es wird dieses Reich geben, weil Du bist, immer bist.

Niemand kann Dir dein Reich nehmen. Niemand kann Dich aus deinem Reich schmeißen. Wer Dir nahe kommt wird deine Schwingung annehmen und gut sein, liebevoll sein.

Dämonen, Teufel, das Aufbegehren des Bösen, zornige Flüche, Hölle und Rache, Täter und Opfer, Macht und noch mehr Macht ...tauche darunter.

Sie sind Themen von uns Menschen, zu höchst kultivierter Gruselspaß, aber eigentlich der Versuch sich seinen Ängsten zu stellen.

Dämonen, Monster und alles was zu ihnen gehört, musst Du in Dir durch Dich umwandeln.

Gib ihnen keinen Platz in deinem Charakter und Glauben und sie werden sich auflösen.

Was sind sie?

Sie sind verletzte Gefühle, verwirrte Gefühle, Ohnmacht und Ausweglosigkeit.

Sie sind Angst und Wut, Verzweiflung, dadurch entstanden, dass der Mensch seit jeher viele trennende Entscheidungen gefällt hat, Trennungen, die um Frieden zu erlangen ungültig gemacht werden müssen.

Die Menschen lösen ihre Probleme meist auf der Idee von Getrenntheit und Schuld. Und lösen sie damit eigentlich nicht. Um eine gute Lösung in einem Konflikt zu erlangen, muss ich am Glück beider Parteien interessiert sein, ich muss loslassen können, ich muss den Schmerz über eine Zurückweisung aushalten können, ich muss mir meine eigenen ungünstigen und hässlichen Eigenschaften eingestehen können und wissen, was mich wirklich tröstet und stärkt.

Du kannst vollkommen alleine lieben. Du brauchst keine speziellen Zustände und Umstände dafür. Du kannst vollkommen alleine wohnen und leben und bist in Wahrheit nicht allein. Die Liebe wird Dich niemals allein oder einsam belassen.

Sieh in den Nachthimmel, sieh das Licht der Sterne ... höre in dein Herz, geh in die Natur, werde sensibler, achtsamer. Du bist mit Allem verbunden ... beginne diese Verbundenheit zu finden, zu spüren, zu kultivieren.

Beginne zu erforschen wie Frieden zusammenhängt, wie dein Frieden zusammenhängt. Frieden unterscheidet sich nicht von Frieden.

Oft bemerken wir nicht, dass wir Menschen sind, die an Allem etwas auszusetzen haben.

Oft bemerken wir nicht, dass wir Andere so behandeln, wie wir selber nicht behandelt werden wollen.

Passen Sie auf, dass Sie nicht so werden wie ihre Mutter, mit der Sie den Kontakt abgebrochen haben, weil Sie so ist wie sie ist ... für temporäre Zeit.

Lonshada:

Den Satz „ich befülle den Elben Liebeskessel ..." kannst Du laut oder leise sagen.

Mit der Zeit wirst Du Dich selber hören, selbst dann, wenn Du nicht sprichst.

Du wirst deine negativen Gedankenstrukturen sofort bemerken und sie alsbald mit der positiven Formulierung kontern können.

Es wird zu deiner positiven Gewohnheit werden, friedlich und schön zu denken.

Das ist die beste Gewohnheit, die Du haben kannst.

Warum Elben? Was sind überhaupt Elben?

Das lesen Sie in meiner Homepage nach. Ich bin kein Medium, keine Meisterin, ich habe keine hellsichtigen Fähigkeiten, mir ist Niemand erschienen, ich bin weder Abgesandte noch Beauftragte von Irgendwoher um die Welt zu retten.

Ich bin nicht auserwählter und nicht vollkommener als Sie.

Ich weiß nicht mehr als Sie.

Ich habe kein Monopol, was Sie nicht auch hätten.

Ich erinnere Sie, Sie dürfen Ihren oder Ihre eigene Lonshada haben.

Der Name bleibt jedoch für immer, für das rein Gute stehend.

Missbrauch:

Jeder Missbrauch, den man begeht, kommt zu einem selbst zurück um wieder gut gemacht zu werden.

Der Elben-Liebeskessel wird liebevoll behütet von den Elben. Wenn Du schlechte Wünsche in den Liebes-Kessel gibst, sind sie für Dich bereit.

Wenn man positiv denken will, sich aber negative Gedanken stets vordrängen:

Da heißt es immer, wir können denken, was wir wollen. Das stimmt auch, aber es ist eine sehr hohe Kunst. Ruhig zu denken, reflektiert zu denken, tiefgründig zu denken ist sein eigenes Werk und braucht eine Basis.

Versuchen Sie herauszufinden, was Sie so wütend macht und machen Sie ihrem Ärger Luft. Schreiben Sie die Dinge auf und zerreißen Sie oder verbrennen Sie dann den Zettel. Oder gehen Sie in den Wald und liefern Sie ihre Wut an den Luftraum, an das ganze Universum ab. Laut.

Ja, beschweren Sie sich, was man sich eigentlich denkt dabei, zuzulassen, dass mit Ihnen so umgegangen wird.

Und dann ... denken Sie darüber nach ... warum mit Ihnen so umgegangen wird?

Könnte viel weiter vorne in Ihrem Leben etwas Gutes einsetzen auf Grund dessen, was Sie jetzt erleben? Fragen Sie sich „was habe ich davon?" ..., denn Sie haben immer, mit egal was an Schlechtem und Unfairem, etwas woraus Sie Gutes für sich schöpfen können.

Haben Sie Jemanden im freien Luftraum, der dafür zuständig ist, was Ihnen passiert?

Ist ein Erlöser dafür zuständig was mir passiert oder für die Hilfe danach?

Kann sich dieser Jemand irren?

Nein. Gott, die Liebe irrt sich nicht. Aber ob wir das verstehen hängt davon ab, was wir über ihn/sie glauben oder nicht.

Und es hängt davon ab wie wir sein wollen, wer wir sein wollen.

Was kann ich tun?

Ich befülle den Elben-Liebeskessel:

Mit meinem aufrichtigen Wunsch ... positiv zu denken; meine Wut umzuwandeln; der Person, die mir schadete einen Platz in mir zu geben, der sich für mich stimmig anfühlt; dass ich Alles was geschehen ist segnen kann, denn es ist geschehen und hat seinen Sinn; meine Heilung zu beginnen.

Es wird von vielen Höllen erzählt ... dabei ist es immer nur die Eine:

B e d a u e r n.

Man hat etwas Schlechtes gemacht und man spürt aufrichtig, dass es einem Leid tut und man entschuldigt sich und diese Entschuldigung wird abgelehnt ...

Lehnen Sie aufrichtige Entschuldigungen nie ab, sonst machen Sie etwas Schlechtes.

Man betrauert Zeit und Beziehungen, die man nicht oder nur zu kurz gehabt hat.

Man bedauert sein leblos zur Welt gekommenes Kind, weil man das Leben mit ihm nicht hatte und weil es selbst sein Leben nicht hatte.

Doch das stimmt so nicht. Das Leben beginnt nicht auf der Erde und es endet nicht auf der Erde.

Es endet nie.

Die Elben sagen Dir, dass dein Sein, deine Ewigkeit nicht limitiert ist. Weder Zeit noch Form noch Ort limitieren Dich.

Einzig das Böse limitiert Dich vorrübergehend, weil Du mit dem Bösen nicht in die Liebe kommst.

Ein Ort mag Dir auf einem bestimmten Fleck erscheinen, aber im Eigentlichen ist jeder Ort in Dir und damit überall, weil auch Du überall bist.

Wenn man den Elben-Liebeskessel befüllt hat und trotzdem Gespräche eskalieren ...trotzdem Dinge geschehen, die schwierig sind, traurig sind ... teuer sind ...Konsequenzen haben ...

... dann ist das eine Notwendigkeit, bevor die Dinge wieder ins Lot kommen.

Du bestehst aus vielen Regungen, vielen Ansätzen, vielen Tendenzen ... aus Gewohnheiten, Prägungen, Erfahrungen, Bedürfnissen, Träumen, Ideen und die Notwendigkeit kann überall in Dir oder im Anderen stecken, man sieht sie meist nicht sofort, manchmal oft lange nicht ...

... aber vertraue ihr.

Wir können natürlich den Kessel mit unserer Unsterblichkeit füllen, aber das heißt nicht, dass wir die Erfahrung unseren Körper zurück zu lassen einfach umgehen können.

Unsterblich sind wir sowieso.

Teil zwei und drei werden Dir das zusätzlich erörtern.)

Und ja, wir können unser Bewusstsein so fein machen, dass wir während wir unseren Körper der Erde zurückgeben wissen und spüren, dass wir nur durch eine Schwingtüre hindurch gegangen sind.

Wir können uns dann bewusst wieder ein Körperempfinden, eine Körperverbundenheit energetisch formen und diese dann selbstverständlich wahrnehmen.

Wir wechseln nicht zwischen Diesseits und Jenseits.

Wir wechseln nicht zwischen Leben und Tod.

Wir wechseln zwischen Wahrnehmungen und Entscheidungen.

Wenn Sie ein cholerischer Typ sind:

... dann ist es gut sich dessen bewusst zu sein und aufblasbare Säcke, die man boxen kann zu Hause aufzustellen.

Ich befülle den Elben-Liebeskessel IN Liebe für mich und Alle MIT Liebe, damit ich gelassen reagiere, damit ich Niemandem schade.

Wenn Sie aus lauter Wut Tod und Teufel herbei wünschten ... rudern Sie zurück ...

Die Geister, die ich rief ... kommen ... zu ihrer Zeit.

Gedanken sind noch keine Taten ... aber ihre Vorboten.

Unterschätzen Sie das nie.

Noch in der Wut:

Ich befülle den Elben-Liebeskessel diesmal mit meinem mächtigen Überschäumen, weil ich so außer mir bin vor lauter Wut und Zorn, dass ich der Person A alles an Leib und Seele wünsche, was Sie mir angetan hat ...

Das nennt man Karma. Das passiert sowieso.

Nach der Wut:

Ich befülle den Elben-Liebeskessel, mit der Erkenntnis, dass ich nur Gutes will; mit der Absicht meine Wut zurückzunehmen und aufzulösen; mit meinem Willen positiv mit Problemen umzugehen; mit meiner aufrichtigen Entschuldigung gegenüber Person A und gegenüber mir selber.

Eine Gerichtsverhandlung steht bevor und Sie mögen die Person, die Sie dort antreffen werden überhaupt nicht sehen:

Man kann Frieden nicht erzwingen. Aber ich kann um die Basis für Frieden zu legen, den Nicht-Friedlichen segnen, in mir. Gott lässt ihn nicht-friedlich sein und ich kann als Beginn meiner Reaktionen akzeptieren, dass es dafür einen Grund gibt. Ich muss den Grund nicht wissen, nicht ahnen. Ich muss diesem Grund glauben, vertrauen.

Frieden muss man wollen, wählen, immer wieder auf's Neue. Nichts ist so anstrengend wie Hass und Wut. Aber der Friede kann nicht auf einmal als Ganzes geschluckt werden wie eine Tablette. Frieden ist wie Ballett.

Frieden schließt mit ein, dass ich etwas versuche und tue, was ich bisher kaum versucht und getan habe.

Ich befülle den Elben-Liebeskessel:

mit meiner Fähigkeit ruhig zu bleiben; mit meiner Fähigkeit Abstand zu meinen emotionalen Verletzungen zu haben; mit meiner Fähigkeit die gegnerische Partei zu verstehen und in Folge dessen Mitgefühl zu entwickeln ... wir sitzen Beide in Hass verbunden in einem Raum und darin liegt ein negativer wie auch ein positiver Wert. ...und ich wähle den Positiven, denn Alles Andere verlängert den Konflikt und verhindert mein heilen.

Ja, man kann Wesen zu Hilfe rufen ... sicherlich, alle Weltreligionen lehren das, aber, die wahre Hilfe der

Wesen, die helfen können liegt darin Dir deine Stärke zu vermitteln, dass Du Dir deine Hilfe manifestieren kannst und auf Grund deiner Freiheit, deines freien Willens auch manifestieren sollst.

Du bist gleich mächtig wie die Wesen, die Du rufst.

Du sollst verstehen, dass Du wirkst, bewirkst.

Du sollst zu Jesus werden, zu Buddha werden, zum Meister deiner Wahl werden.

Dass heißt nicht, dass Dir Keiner zu Hilfe kommt.

Es kommt Hilfe! Natürlich!

Endlos, bedingungslos!

Trotzdem musst Du die Grundsätzlichkeit aller Dinge erkennen, denn Alle Dinge, Phänomene haben dieselbe Grundsätzlichkeit, weil es nur Eine gibt, die des Liebes-Urlichtes, des Urliebes-Lichtes.

Das kannst Du auch Gott nennen.

Der Name ändert die Dinge nicht.

Namen sind da um sich zu inspirieren.

Egal welchen Namen Sie huldigen, Sie schmeicheln sich selbst damit und das ist nicht ketzerisch.

Der Name löst Wohlbefinden, Vertrauen, Sicherheit und Geborgenheit in Ihnen aus.

Egal welchen Namen Sie huldigen, egal welcher Tradition Sie folgen, Spiritualität beginnt damit, dass Sie sich selbst lieben.

Dass soll kein Freibrief für puren Egoismus sein.

Sich selbst zu lieben ist die einzige Möglichkeit Andere, alle Anderen zu lieben.

Wenn Sie ein Tier lieben ... dann sind Sie gut zu ihm.

Wenn Sie die Natur lieben ...dann zerstören Sie sie nicht.

Das Kind lässt sich nicht in die richtige Richtung bugsieren, nimmt keine Grenzen wahr ...die Dinge ufern aus ... das Chaos hat Oberhand:

Lonshada sagte mir, bitten heißt vertrauen.

Bevor du in Jemand Anderen vertraust, musst DU IN DICH VERTRAUEN.

Wie kannst Du in Dich vertrauen?

Indem Du weißt, ganz sicher weißt, dass Du gut bist, richtig bist, gewollt bist. Und das sind die Anderen auch.

Wie kannst Du das fühlen?

Indem Du Dich bemühst, ja zu Dir sagst, so gut bist, wie Du sein kannst. Leben bedeutet Beziehungen einzugehen, zur Nahrung, zum Wetter, zu den Tieren ... zu den Menschen.

Ich befülle meinen Elben-Liebeskessel mit mir.

Ich befülle meinen Elben-Liebeskessel für mich.

Ich befülle den Elben-Liebeskessel:

Mit der Tatsache, dass zu meinem Wohle und zum Wohle meines Kindes, dass das Beste geschieht, was eine positive Veränderung mit sich bringt; mit der Bitte, dass mir Alle, die mir helfen können und wollen, helfen, das Gute in mir und meinem Kind zu bewirken.

Partnerwahl:

Wollen Sie nicht Jemanden, der Sie nicht will.

Manifestation ist nicht Manipulation.

Manifestieren ist nicht wünschen.

Manifestation ist nicht erzwingen.

Manifestieren ist beabsichtigt wollen.

Das Wort „nicht" gibt es natürlich. Nein ist klar und deutlich, obgleich man es auch nicht verstehen kann.

Nein ist dem Ja ebenbürtig.

Sagen Sie ihrer Energie trotzdem, was Sie können, können wollen.

Ich befülle den Elben-Liebeskessel:

mit meiner Bereitschaft, den Anderen so zu akzeptieren wie er ist; mit der Tatsache, dass ich einen zu mir passenden Partner, den ich lieben kann und der mich liebt treffe.

Wenn man dies hier nicht glauben kann und will ...

dann lässt man es einfach liegen, bei Seite und tut, was einem entspricht. Ärgern Sie sich nicht ... gehen Sie Ihren Weg. Sie können das Buch wegwerfen, verbrennen, als Klopapier benutzen ...

Lonshada und mir macht das nichts, hadern Sie nicht, schreiben Sie keine Abhandlungen darüber ... machen Sie stattdessen etwas Schönes.

Sie können auch den Rosenkranz beten. Es ist nicht eine Methode besser als eine Andere. Aber nicht jede Methode passt zu einem. Der Rosenkranz macht Sinn, wenn Sie sich mit Maria identifizieren. Es gibt keine Rangkämpfe in den geistigen Lichtreichen, wer heiliger oder besser ist. In den geistigen Lichtreichen IST Liebe. Wenn der Mensch auf Erden bewusst etwas erreichen will, muss er es fühlen.

Wie erreichst Du etwas?

Durch Identifikation.

Der Faktor Zeit:

Bleiben Sie im Jetzt. Befüllen Sie im Jetzt und das Jetzt. Alles ist jetzt. Die Zukunft, die Vergangenheit, die Ewigkeit sind jetzt.

Der Elben- Liebeskessel funktioniert oft sehr schnell. Wenn ein Umstand auf sich warten lässt, dann wird das seine Gründe haben. Befüllen Sie aufrichtig weiter, beobachten Sie sich weiter, aber entfernen Sie sich von Verbitterung, Groll und Missgunst.

Wenn ein Zustand unerträglich wird, dann nehmen Sie die Energie raus. Sprechen Sie das Thema der Eskalation eine kurze Weile nicht mehr an. Vertrauen Sie, dass die Dinge am Weg ins Bessere sind. Man kann eine Lösung nicht um eine Entwicklungsstrecke, die zur Lösung beiträgt abkürzen. Sie können ja auch nicht an einem jungen Baum ziehen, damit er schneller wächst, schneller höher oder breiter wird.

Wir wissen oft nicht, was der Andere oder wir selber für eine Entwicklungsstrecke haben.

Die Elben oder die Engel oder Gott oder wer auch immer schreiten nicht ein, so wie Du Dir das manchmal wünscht, wie ein Türsteher oder wie du es gehört hast, dass es sei ... sonst wären noch nie Menschen bei einem Flugzeugabsturz gestorben oder auf andere Weise gestorben.

Weißt Du warum nicht?

Weil jedes Individuum ein Recht auf sein Tempo, seine Wahl, seinen Willen, seine Erfahrungen, seine Themen hat auch wenn es sich nicht mehr daran erinnern kann.

Alles ergibt Sinn.

Letztlich haben wir Alle in Summe die gleichen Erfahrungen.

Mit Tod und Angst müssen wir uns auseinandersetzen. Das gehört hier her zu unseren Erfahrungen auf der Erde.

Gott wird uns beschützen, aber das Leben, das wir haben wollten, werden wir erfahren.

Es liegt an uns weit aus tiefer in dieses Leben hinein zu zoomen ...

Wenn ein Individuum Schlechtes will, Mieses will, Sumpf will, dann kann es das haben ohne dass ihm Gott die Liebe verwehrt.

Die Liebe wird Dir niemals verwehrt.

Die Frage ist, ob Du das spüren kannst, weil für Dich IST, was Du spürst.

Du kannst mit dem Verhalten von Jemandem nicht einverstanden sein und ihn trotzdem lieben.

Passen Sie auf, dass Ihnen die Rolle des Lektionen Erteilens nicht zu gut gefällt.

Ihr Widersacher hat ganz speziell mit Ihnen zu tun auch wenn Sie das nicht wollen. Segnen Sie ihn und die Dinge kommen positiv ins Rollen.

Ich bitte die Elben für mein Kind zu beten ... es so zu unterstützen, dass es aus den Schwierigkeiten lernt, aber trotzdem liebevoll umhüllt bleibt und diese Liebe und diesen Schutz spürt.

Es ist wichtig, dass wir uns an die Liebe erinnern, nicht an die Strafen und an die Härte, die man uns entgegenbrachte, als wir nicht so waren, wie wir hätten für Andere sein sollen.

Ich bete noch nicht dafür, dass die Stürme ausbleiben, denn dort sind wir noch nicht, sondern dafür, dass ich sie gut überstehe.

Das Ur-Liebeslicht strahlt ausnahmslos ungeachtet der Taten und Nicht-Taten in Jedem weiter und kann nie grundsätzlich erlöschen.

Gott macht keinen Unterschied und Gott löst sich nicht auf. Wollen wir Gott nahe sein, absolut nahe, dann müssen wir lieben.

Anders geht es nicht.

Der Weg des Menschen beginnt im Licht, läuft durch das Dunkle und kommt wieder zum Licht.

Wir platzieren uns und diese Plätze wechseln wir auch.

Kein Mensch, kein Wesen ist davon ausgenommen.

Hören Sie auf zu denken: ach, hätte ich doch, hätte er nur „das oder das gemacht" ...

Was wollen Sie jetzt?

Genau jetzt?

Was ist das Wichtigste jetzt?

Liebe ist es. Liebe ist es immer!

Ich spüre mein Vertrauen in das Urliebes-Licht in allen Wesen und alle Wesen spüren es in mir.

Ich liebe das Urliebes-Licht in allen Wesen und alle Wesen lieben es in mir.

Eine Übung, ein Schlüssel:

Innere Drachenstärke für sich selbst.

Indigene Personen haben schon immer die Kraft zu sich herein eingeladen ... Bärenkraft, Wolfskraft, Flusskraft, Wolkenkraft ...

Eine zweite Methode zum Manifestieren ist der gute Drache. Der Drache ist in seiner Mythologie der Hüter des Schatzes. Du bist der Schatz und auch der Drache. Du bist Beides.

Form ist beweglich, weil sie Bewegung ist. Form ist austauschbar, weil Energie sich verändern kann.

Liebe ist weder austauschbar noch veränderlich.

Als Kinder hatten wir noch Zugang zu Helden wie Rittern, Sheriffs, indigenen Kriegern, Jägern, meist zu Fasching. Sich zu verwandeln ist ein uraltes Bedürfnis von uns und in vielen Kulturen vorhanden.

Ein kreativer Umgang mit unserem Leben ist unerlässlich.

Unser Drache, Herzensfreund braucht keine Waffen.

Er wird uns energetisch immer beschützen aber nie Jemandem schaden.

Wir können ihn immer rufen.

Wie ruft man einen Drachen?

Man wird zu ihm. Man fühlt sich wie er.

Baue ihn groß und mächtig und schön IN Dir auf. Arbeite mit deinem Brustkorb, mit deiner Wirbelsäule, lass deine Arme seine Schwingen sein.

Arbeite mit deinem Kopf und schließe deine Augen und sehe Dich in ihm und ihn in Dir.

Fühle ihn.

Wisse, dass Du absolut beschützt bist.

Was Dich beschützt oder nicht ist Schwingung.

Was eine Form ausmacht oder nicht ist Schwingung.

Wir lieben und hängen an Formen und Namen. Das ist normal. So wachsen wir auf.

So trennen wir auch um uns herauszufiltern.

Und genauso werden wir wieder eins.

Es gibt keine Geheimnisse.

Sie Alle können wir erfahren, verstehen, wenn wir wollen.

Sie sind der Elbenkessel.

Du bist der Elbenkessel.

Sie sind Lonshada.

Ich bin Lonshada.

Wir sind die Elben.

Lonshada war ein freudiger Moment, ein sehr schöner, kreativer Moment. Ich könnte sagen eine Eingebung aus der ich diesen Namen schöpfte. Lonshada ist ein Geschenk, das mir passierte, eine blitzartige, großartige Inspiration.

Ich beschäftige mich schon sehr lange mit positivem Bewusstsein. Ich begann schon sehr früh zu schreiben. Immer wieder interessierte ich mich für indigene Völker. Vor ungefähr zwei Jahren begann ich sozusagen die Schätze aus gut 27 Jahren, die ich gesucht und gefunden habe in einem Roman zu verarbeiten. Der Name Lonshada und seine Rolle kamen mir eher spät zu Bewusstsein, zum Schluss meiner großen Erzählung eigentlich.

Und ... ich schrieb ihn dann hinein, ging die ganze Geschichte nochmals durch. Und sie wurde noch schöner. Zumindest für mich.

Er ist ein Friedensbote, eine niemals aufgebende, sehr starke, schöne Persönlichkeit. Vorerst im ersten Buch meiner Erzählung mit dem Titel „Die Geschichte vom Einhorn", dem noch Weitere folgen werden, trägt er seine Schwingung hinaus in die Herzen aller Wesen und mischt sie, weil Frieden gebraucht wird und Frieden Einigung braucht.

Die Geschichte vom Einhorn ist ein dickeres Buch, für viele Abende, weil sich Wesen nicht so Dir nichts, mir nichts durchmischen lassen, wie Sie sich sicher vorstellen können. Es ist eine zeitgemäße Fantasiegeschichte, die reale Antworten auf die Fragen des Menschen gibt.

Lonshada ist nur einer unter mehreren unvergesslichen Charakteren.

Wir haben das Jahr 2020 und einige Männer auf diesem Planeten denken immer noch über

Aufrüstung nach. Die Probleme des Menschen sind nur in seinem Manko an Liebe. Wissen wir, wie wir Liebe und Geborgenheit fühlen können, dann können wir Frieden schaffen.

Wir glauben wir sind das Teilchen, das von anderen Teilchen umrundet wird, aber wir sind der Raum dazwischen, wir sind der Raum, in dem sich ein paar Teilchen umrunden. Wir sind Alles.

Segnen Sie die Person oder das Tier oder die Umstände, mit denen Sie Schwierigkeiten haben.

Wenn ich Jemanden segne drehe ich ihn ins Licht, ins Urliebeslicht. Ich segne nicht seine schlechten Taten. Das ist wichtig zu verstehen.

Wir kommen aus der absoluten Vollkommenheit. Das heißt, es gibt nichts außer Vollkommenheit. Das heißt, Alles ist vollkommen und folgt dem Plan der Vollkommenheit. Wir sind nicht aus der Vollkommenheit gefallen und werden nie aus ihr fallen, aber wir wollten Unvollkommenheit erfahren. Warum?

Unsere erste Vollkommenheit verdanken wir der göttlichen Liebe, sie hat uns erschaffen, nicht nur uns, nicht nur Erden, sondern Alles und Alle.

Die zweite und letzte Vollkommenheit verdanken wir uns selbst, weil wir uns selbst vollkommen machen wollen. Und dazu gehen wir temporär die Unvollkommenheit ein.

Sie brauchen nicht in die Zukunft schauen zu können, wenn Sie die Zukunft machen.

Wenn wir Alle aus uns ein gutes Omen machen, dann IST Weltfrieden.

Positive Geschehnisse sind das Resultat positiven Denkens.

Positive Geschehnisse sind das Resultat positiven Fühlens.

Positive Geschehnisse sind das Resultat positiven Handelns.

Der Elben-Liebeskessel ist einzig positiv.

Tiefer hineindenken!

Lonshada tröstete mich auf seine Weise und ich verstand ihn wahrscheinlich deswegen, weil ich schon sehr lange in diese ideelle Richtung gehe und sie weiter gehe.

Zeit, Raum, fest oder nicht können sein wie Atemzüge.

Wir glauben an Trennungen wo keine sind.

Wir lernen es kaum uns frei von Grenzen wahrzu-
nehmen.

Ich rufe keine verstorbenen Geister oder Seelen an,
weil es für mich keine verstorbenen Geister oder
Seelen gibt. Diese Nicht-Verstorbenen Wesen mit

ihrem jeweiligen Bewusstsein sind auch nicht irgendwo drüben.

Es ist Alles ein Ort. Alle Fragen, die sich ergeben sind Fragen der Wahrnehmung.

Mit jeweiligem Bewusstsein meine ich den Charakter, die persönliche Reife.

Energie braucht keinen Körper um sich mitzuteilen aber hat immer eine Kraft und Kraft kann ganz leicht, ganz schnell zu einem Körper führen, sodass zwischen Körper und Nicht-Körper kaum ein Unterschied besteht.

Energie selbst ist bereits eine Beschaffenheit und Beschaffenheit ist immer geistig und materiell.

Beschaffenheit ist immer zuerst geistig. Alles was geistig ist, ist auch schon materiell, weil Alles im Geistigen beginnt und Alles vom Geist aus materiell werden kann.

Das heißt, die Möglichkeit, die Kapazität ist gegeben.

Man könnte sagen, zwischen geistig und materiell ist ein Zeitunterschied, der des Werdens.

Aber Alle Dinge haben trotzdem immer auch die Jetzt – Zeit in jeder Zeit.

Das bedeutet es gibt Zeitunterschiede und es gibt sie nicht, zur gleichen Zeit.

Beschaffenheit ist immer beides zur gleichen Zeit, geistig und materiell.

Alles was Du denken und fühlen kannst, kann sich formen, kann sich in Zeit und Raum verstofflichen, weil Du die Energie bist und Energie aussendet.

Das heißt, Du lebst und bist schon gestorben oder bist gestorben und lebst.

Du lebst gleichzeitig mit und ohne Körper und Du hast keine örtliche Einschränkung, weil der Kosmos überall ist und Du immer im Kosmos bist.

Man hat Dir beigebracht und Du hast Dir angewöhnt zu verstehen, dass eine Form etwas Hartes, Festes ist mit einer eindeutigen Grenze.

Aber das ist nur eine von mehreren Möglichkeiten wie eine Form, ein Körper ist.

Du hast Körper mit Grobstofflichkeit gleichgesetzt.

Aber ein Körper muss nicht grobstofflich sein.

Eine Form muss nicht grobstofflich sein.

Du hast einen Körper und bist ein Körper ... immer in irgendeiner Form, weil er sich aus deinem Bewusstsein, aus deiner Energie, aus deinem Willen, aus deiner Kreativität, aus Dir heraus ergibt.

Was ist ein Körper, was ist eine Form?

Sie sind ein energetisches Wirkungsfeld, ein Schwingungsfeld, ein Kraftfeld.

Du kannst Dich so groß ausdehnen, wie der ganze Kosmos ist und Du kannst Dich in ein Molekül zurückziehen.

Deswegen bist Du nicht weniger und nicht mehr.

Es ist der Kosmos in einem Molekül und in der allerkleinsten Einheit und es ist ein Molekül im ganzen Kosmos. Und das ist immer so.

Lonshada:

Und nun überdenke den Tod noch einmal.

Und nun überdenke den Tod noch einmal.

Ich weiß, dass Dir gedient ist, wenn man ihm die Schrecklichkeit nimmt.

Um der Unterhaltungsindustrie –und Idee zu dienen habt ihr versucht den Tod banal und trivial zu machen.

Das ist er natürlich nicht.

Man ist auch nicht stärker, wenn man tötet. Der Schein trügt.

Das schlimmste für ein Wesen ist die Trennung von seinen Liebsten. Aber auch Trennung ist ein Schein.

Wenn Du als Mutter auf der Erde bleibst und deine Kinder sterben, dann haben sie deine Energie auch im Himmel – in der scheinbaren Formlosigkeit, weil Du auch dort bist.

Stirbst Du als Mutter und deine Kinder bleiben auf der Erde, so hast Du sie trotzdem bei Dir im Himmel, weil auch sie dort sind.

Und wenn ich meine Eltern gar nicht liebte, sie mir schwer und furchtbar waren?

Dazu kommen wir noch.

Energie ist nicht limitiert.

Du bist überall abrufbar, weil Du ewig bist und über-all bist.

Komme Dir nicht zerteilt vor, denn das bist Du nicht.

Dein Wesen hat mehrere Dimensionen auch wenn Du Dir dessen nicht bewusst bist.

Egal welches Bewusstsein Du auf Erden gerade hast, Du hast immer und bist immer dein und das

U R L I E B E S L I C H T.

Reinkarnation ist demnach ein Bewusstsein. Dein Bewusstsein darüber, dass Du ewig, formunabhängig bist, Dich wieder in eine Form geschwungen hast um unter Formen zu leben.

Du lebst auch im formlosen Zustand und selbst dieser ist nicht ganz formlos, weil Alles einen energetischen Zusammenhalt hat.

Du bist ewig formlos und ewig zu einem gewissen Grad verdichtet; wir nennen es verkörpert und ewig lebend Dich fühlend.

Du kannst eine Form haben so groß und so tief wie der Pazifik und so groß wie der Kosmos oder so klein wie ein Sandkorn und noch kleiner. Klein heißt nicht weniger oder niedrigeres Bewusstsein. Groß muss nicht heißen sich Allem bewusst.

Der Kosmos umfasst viele Welten, ich würde sie auch Ebenen der einen Welt, die der Kosmos ist nennen.

Die Wesen des Himmels und der Erde, ganz egal wie sie sind, sind Alle in uns und wir in ihnen.

Wir haben Alle dieselbe, eindeutige Geschichte. Wir machen Alle Alles richtig und Alle Alles falsch.

Keiner ist besser, keiner ist schlechter.

Wir wechseln die Rollen, bis wir Alles erlebt haben, was man erleben kann im Guten wie im Schlechten.

Trotzdem bleiben wir individuell. Trotzdem sind wir Alle eins. Ich weiß, das ist schwer zu verstehen.

Aber es ist möglich es wirklich zu verstehen.

Jeder von uns öffnet seine Türen zu den Dingen und diese Türen führen uns zu unserer eigenen Wahrheit, immer wieder bis wir Alles verstanden haben. Dann ist es unser Aller Wahrheit, unsere gemeinsame Wahrheit.

Der Geist, der um sich weiß, der sich kennt, der das Höchste kennt, kann Formen bilden so schnell wie man Worte spricht und noch schneller.

Zeit kann er hinzutun wie Backpulver zu einem Kuchen. Schnell und langsam kann er ohne Grenzen bestimmen. Mit einem Flügelschlag eines Schmetterlings sind Welten erschaffen.

Das was ich hier schreibe ist Wissen, dass lange geheim gehalten oder aufwendig verschlüsselt wurde.

Wer in Unterschiede interessiert ist will kein Wissen über Gleichwertigkeit.

Farben, Nasenstellungen, alle Aspekte einer Form sind variabel!

Die heutigen Rassisten sind morgen Jene, die spüren wie weh das tut. Dazu braucht man keine passende Situation auf der Erde, nur falls wir schon bald Weltfrieden hätten.

Glauben Sie das den Buddhisten, es gibt sicher ein Schwingungsfeld, wo man spürt, was die Betroffenen spürten.

Verstehen Sie, dass Sie selbst ihr eigener Luzifer sind oder nicht.

Die Kirche, die Religionen haben die Wahrheit zerteilt und sie wie auf einem Schachbrett herum geschoben. Die Männer haben die Teile so positioniert, dass sie Macht hatten, sehr viel und sehr lang und immer noch.

Wichtiges wurde uns vorenthalten.

Was könnte die monumentale Christusstatue in Rio dieser Tage lautlos sagen?

Was würde Jesus heute tun?

Sie sind seine Armverlängerung. In Ihrem Herzen ersteht er auf.

Jesus wäre mächtig, wie nur ein Sohn Gottes mächtig sein könnte, wenn er in unseren Herzen auferstehen könnte.

Kann er in unseren Herzen nicht auferstehen, kann er nirgends auferstehen.

Verstehen Sie, dass Jesus jeden Menschen zum Sohn Gottes, zur Tochter Gottes gemacht hat.

Das waren Sie und Jeder auch schon davor, aber es geriet in Vergessenheit.

Jesus hat ein Zeichen gesetzt und es gibt mehrere solcher Zeichen.

Die Frage ist ob wir sie verstanden haben.

Der Tod am Kreuz oder überhaupt der Tod ist nicht die Magie, die uns errettet vor uns selber. Das Leben ist diese Magie.

Die Wandlung vom scheinbar endlichen Leben mit Problemen zum ewigen Leben in der Liebe ohne Probleme kann sich nur in unseren Herzen vollziehen.

Gottes Liebe ist ein Gipfel und es gibt mehrere Wege hinauf. Beim Missionieren ging es uns vielmehr um unseren Zusammenhang, um die Namen in der jeweiligen Religion, in deren Namen wir kamen als um die Menschen. Der Liebe Gottes geht es immer um die Menschen.

Mit seinen Eltern zu hadern mag oft gerechtfertigt scheinen, aber es bringt nichts, zumindest nichts Gutes. Deine Eltern können Dir nie Alles beibringen. Vieles musst Du Dir selbst beibringen.

Wenn ein Mensch scheinbar neue Ansätze als Werkzeug sozusagen, als Werkstoff nicht in sein Weltbild, nicht in sein Herz lassen kann oder will, was zusammenhängt, dann kann er sich kaum verändern und bleibt in seiner Enge und Strenge, in seiner kleinen Welt bis auf weiteres erstmal stecken.

Aber deswegen müssen Sie nicht stecken bleiben.

Seien Sie ihr eigener Erzeuger. Denken Sie das und spüren Sie das und gestalten Sie Ihr Leben nach Ihren Herzenswünschen.

Wenn man Sie nicht unterstützt ... nicht versteht, dann gibt es andere Menschen die das tun. Familie ist nicht auf Blutsverwandtschaft reduziert.

Vertrauen heißt, nicht im Voraus zu wissen, wie etwas stattfindet, wie etwas in die Gänge kommt, wie etwas ausgeht.

Deswegen will der Mensch auch bewusst manifestieren.

Aber ohne Vertrauen manifestieren geht nicht.

Und nun überdenken Sie, in was, in wen Sie vertrauen.

Und nun überdenken Sie, in was, in wen Sie vertrauen und warum?

In Kokain? In Rotwein? In die Börse?

Wir Elben wurden zu Elben, weil wir einen Vertrauensweg einschlugen. Wir vertrauen in den absoluten Liebeszusammenhang, der jeden Widerspruch ausräumt, allem Sinn gibt ...   Liebessinn.

Wahr ist für Elben und das kann auch für Menschen so werden und so sein, dass sie sich in Bruchteilen von Sekunden alt, jung, wie auch immer erschaffen können.

Wenn ich sage, man liegt so wie man sich bettet, dann stimmt das, es ist eine Volksweisheit und entspricht exakt dem Elben-Liebeskessel- befüllen.

Aber was genau denken, fühlen Sie beim sich betten?

Es ist kaum ein Vorgang, vielmehr eine Logik.

Befüllen Sie Ihren Elben-Liebeskessel ist ein Vorgang.

Frischen wir ein paar positive Ideen noch einmal auf ...

Ich befülle den Elben-Liebeskessel mit genügend Abstand und Freiraum für mein Kind, sodass es sich wohl fühlt und die Stimmung besser wird; mit der Bitte, dass XY die Feindesrolle, die er/sie gegenüber mir aufgebaut hat, aufgeben kann und wir zu einem neuen Start finden; damit, dass Du mich bitte verstehst, weil es mein Bedürfnis ist verstanden werden; mit meiner Entschuldigung, dass ich deine Bedürfnisse so schlecht erkannt habe und ab sofort erkennen möchte und ich bitte Dich mir dabei zu helfen; mit den Umständen, die ich brauche um ...; mit meiner Bitte, dass mir Jemand, den ich akzeptieren kann zeigt, woran ich an mir zu arbeiten habe; mit der Antwort auf meine Frage ... wer, wie ... meinem Kind beibringt ... ; mit der Tatsache, dass ein positives WIE zustande kommt, damit mein Kind lernt Verantwortung zu übernehmen, Termine einzuhalten ...; mit meiner Entschuldigung, dass ich unfähig war ... verabsäumt habe und mich nun neuerlich, aber anders als vorher bemühe ...

Durch diese Technik, durch dieses Bewusstsein beobachten Sie sich selbst. Nichts kann hilfreicher und wichtiger für Sie sein.

Es ist sehr wichtig, sich seiner selbst bewusst zu sein. Es ist sehr wichtig umkehren zu können, sich bremsen zu können, wenn man merkt, dass die Dinge in eine ungünstige Richtung laufen.

Sie können Gott alle möglichen Aufgaben umhalsen, sie zu machen bleibt Ihnen. Sie können das Göttliche anzapfen, aber Gott, männlich und weiblich, ist nicht an einem anderen Ort als Sie. Daher ist anzapfen sich bewusstwerden, vorerst über sich selbst!

Zaubern ist nicht Hokus Pokus, zaubern ist bewusst, ein Zauberer weiß ganz genau was er tut: Ich befülle mich mit ... ...

Sie sind kein Elben-fan? Das ist kein Problem. Sehen Sie, letztlich wollen Sie keine Probleme. Sie wollen eine ewige Existent im Frieden. Nein, das ist nicht langweilig. Im Gegenteil!

Sie werden weder den Schweinsbraten noch Ihr Bier vermissen. Ihre Lustgefühle, Ihre Genussgefühle werden ausgetauscht.

Identifizieren Sie sich nicht über das Aussehen, identifizieren Sie sich über den Charakter.

Die Elben sind Ihnen zu schwammig. Das ist kein Problem. Dann machen Sie aus dem Elben-Liebeskessel einen Jesu-Herzkessel, einen Jesus-Liebeskessel, einen Keltenkessel.

Dienen Sie Ihrem Wesen zum Guten. Leiten und lenken Sie Ihr Wesen ins Gute. Wenn Sie sich nicht lenken, dann tut es ein anderer.

Das hat nicht mit viel Geld zu tun. Sie brauchen keine teuren Seminare. Sie brauchen keine

Naturausflüge in exotische, ferne Gebiete. Es ist sicher schön mit Delphinen zu schwimmen aber es geht auch ohne. Suchen Sie sich in der Natur, die Sie umgibt eine schöne Stelle. Das heimische Singvögelchen kann Sie Alles lehren was der Delphin Sie auch lehren könnte. Und wenn es ein Delphin sein muss – fühlen Sie ihn.

Das Internet hat sehr wohl auch eine gute, lichtvolle Seite, nutzen Sie diese und bleiben Sie selbst reflektiert.

Liebe, Licht, astrale Meister, sowie Dunkelheit, Mord und Tod, all das birgt tiefe Faszination in sich.

Es kann Lust auf mehr machen. Finden Sie heraus WARUM? Das hängt natürlich von uns ab. Themen ziehen Einem an und manchmal sehr tief hinein und man droht verschluckt zu werden.

Noch einmal, verstehen Sie warum das so ist ... warum Sie so sind ...und erfassen Sie Ihr eigenes Wesen ...

UND DABEI WERDEN SIE GOTT UND ALLES WAS ZU GOTT GEHÖRT ERFASSEN

und es gehört Alles zu Gott

und dennoch ist Gott nicht böse.

Steigen Sie auf Ihre persönliche Suche und Reise ein, warum Gott nicht böse ist und Sie werden Schätze finden.

Wie entsteht so ein Büchlein?

Manchmal weiß ich ganz genau was ich schreibe, manchmal nicht. Wenn ich es weiß, spüre ich eine Schwingung, die ich mittlerweile gut kenne und schreibe dann meist Wichtiges auf. Es kommt mir ins Bewusstsein oder es ist schon da und ich bemerke es.

Ich sage Elben dazu, weil es mir entspricht.

Elben machen mich zu einem Teil aus. Elben sind in mir und ich in ihnen.

Elben sind für mich innerlich und äußerlich wunderschöne, weise, liebevolle, unsterbliche Menschen.

Ich kopple nicht über die Idee, dass eine Elbe nun „da" ist und ich sie deswegen „erreichen, kontaktieren" kann. Natürlich ist sie da und kontaktierbar. Immer. Wo soll sie sonst sein? Ich glaube nicht an da oder dort.

Alles ist immer da und gleichzeitig überall und das hat auch nicht mit der Zeit zu tun. Die Zeitmaschine gibt es längst, schon immer. Sie ist in unserem Kopf und in unseren Gefühlen.

Wir neigen zu festen Vorstellungen von einem Ort oder Zustand, von einem Charakter, von einer Persönlichkeit, von Zusammenhängen und Methoden und Vielem mehr.

Dabei geht es nicht darum, ob diese der Wahrheit entsprechen, weil sie bereits eine Wahrheit haben, die Ihre.

Daher haben die Dinge immer EINE Wahrheit. Eine Zwischenwahrheit. Natürlich ändern sich unsere Vorstellungen und mit ihnen ihre temporären Wahrheiten.

Wenn Du glaubst, dass Du einer Seele oder Mehreren oder Vielen helfen musst, den richtigen Weg zu finden, weil Du glaubst, das eine Seele verloren gehen, herumirren kann, dann wird es sicher eine oder mehrere Seelen geben, die Dir die Möglichkeit geben, zu fühlen, dass Du ihnen geholfen hast.

Und dann ist da die höchste, ewige Wahrheit und diese ist Liebe.

Wenn ich einen Kontakt herstellen will ZU MIR und aller Wahrheit in mir, dann über die Liebe und eine Möglichkeit das zu tun ist den Elben-Liebeskessel bewusst zu befüllen und mich selbst dabei zu spüren, mich selbst zu sondieren.

Nur die Liebe kann Dir das Wichtigste lernen. Es kann eine Hornisse oder ein kleines Rehkitz dein Lehrer sein. Wir haben viele Lehrer oder den einen Lehrer in vielen Formen. Jeder Moment lehrt uns.

Noch einmal, es gibt nur einen Ort, alle Zeit, gewesen oder nicht, Gegenwart, Vergangenheit, Zukunft ist jetzt, alle Räume sind ein Raum.

Du musst verstehen, dass Du versuchst Dich glücklich zu machen. Jeder versucht das. Uns unterscheidet nur die Idee vom glücklich sein oder wie wir versuchen es zu erlangen.

Jedes Wesen kann egal welcher Form und Ebene Liebe empfinden. Liebe ist die Lösung für jedes Problem.

Die Trotzdem-Erkenntnis:

... ist wichtig, damit wir uns selber besser verstehen. Wir Alle sind lange sowohl -als - auch Charaktere.

Wir müssen sehr oft, sehr, sehr oft einen Spagat zwischen uns selbst schaffen und das ist eine sehr hohe Kunst!

Schätzen Sie das an sich!

Vertrauen Sie Ihren Trotzdems. Vertrauen Sie dem Leben, Ihrem Leben und dem Tod, Ihrem Tod und jedem Leben und jedem Tod.

Ihnen nicht zu vertrauen macht nichts besser.

Die kleinen Trotzdems sind wie eine zarte Sommerbrise, sie machen uns interessant, die großen Trotzdems sind wie ein Hurrikan, sie machen uns befremdlich, absonderlich, nicht einschätzbar und können uns sehr viel, nahezu Alles abverlangen. Deswegen ist nichts falsch an uns, weder unsere Schwäche noch unsere Kaltblütigkeit.

Ohne Herzgefühl kann man nicht lieben. Schalten wir unser Herz aus, können wir Alles was ohne Liebe ist.

Unsere Trotzdems ändern sich.

Wir Menschen sind ein Trotzdem-Packet und es ist wichtig positiv zu sein und zu bleiben.

Auch wenn Alles schief zu gehen scheint ..., wenn ich auch noch so unsicher und hilflos bin ...ich bleibe trotzdem am Positiven dran ...ich gebe mich nicht auf.

Und um uns zu erholen von uns selbst und dem Leben braucht es eine Atmosphäre in uns selbst, einen stillen Raum, nicht zu hell, nicht ganz dunkel ... ein ganz besonders, mäßiges Licht, wo sich unsere Augen nach und nach an das positive Dumper gewöhnen.

Es ist neben dem Licht der Sonne, des Feuers, der Sterne und des Mondes ein uraltes Licht. Ein vergessenes Licht. Ein nunmehr ungebrauchtes Licht, aber ein Wichtiges. Wir haben es hineingenommen in unsere Höhlen und später in unsere Kammern. In diesem besonderen Öllampenlicht ist viel Schönes passiert.

Lonshada:

Es gibt eine weitere, sehr wichtige Empfehlung und Erfahrung. Diese ist in sehr viele Methoden und Ideen eingeflossen und wird Euch vielleicht bekannt vorkommen.

Vorher möchte ich Dir noch sagen, dass man nicht für jedes Problem eine äußerliche Waffe oder Impfung haben kann oder braucht, sondern eine innerliche positive Haltung.

Jetzt fragt Ihr mich, wie man gegenüber Hungersnöten, Ungerechtigkeiten, kaputten Ernten, Lug und

Trug, Seuchen und Kriegen eine positive Haltung haben kann?

Immer zeigen Zustände und Umstände ganz klar auf an was es mangelt und was zu tun ist. Wir wollen es aber oft nicht sehen und nicht hören.

Können wir mit unserer Art und Weise zu denken und vorzugehen keine Kriege beenden, dann denken wir falsch, dann denken wir nicht zu Gunsten des Friedens.

Je schwieriger eine Situation ist, desto wichtiger ist es positiv zu sein, denn was würde es bringen zusätzlich negativ zu sein?

Man kann sich gegen Zecken zum Beispiel impfen, aber man kann sie auch an sich krabbeln spüren. Ihre Haut meldet den noch so kleinesten Zecken anstandslos, aber Sie müssen es wahrnehmen wollen und das können Sie.

Sie können jede Gefahr und auch Alles Andere wahrnehmen. Natürlich auch so, dass Sie noch genügend Zeit haben um etwas Wichtiges in so einer Situation zu tun.

Dass heißt aber nicht, dass Sie diesen Körper, in dem Sie gerade wohnen nicht zurückgeben müssen.

Du musst Dich immer, ausnahmslos an das Wirkliche und das ist die Liebe erinnern.

Und das kannst Du.

Dass heißt nicht, dass Du nie traurig sein wirst. Aber es heißt, dass Du Dich aus der Traurigkeit, aus den Schwierigkeiten heraus bewegen kannst.

Vorher möchte ich Dir noch sagen, dass jedes Verhalten eine tiefere Bedeutung hat. Jedes Verhalten hat eine Ursprünglichkeit in den Zusammenhängen des Kosmos.

Ich sage Dir den wichtigsten Zusammenhang.

Wir sind fühlend auf Grund unserer eigenen Idee und Kreativität in allen Bewusstseinsebenen und-stufen die es gibt.

Wir kosten sie Alle aus.

Wir sammeln alle Eindrücke, die es gibt.

Und sehr lange, nicht nur ein Leben, sehr viele Leben lang haben alle Eindrücke diametral entgegengesetzte Eindrücke.

Unser Sein ist unendliches Wissen, unendliche positive Macht und unendliche Glückseligkeit. Unsere Verdichtungsreise in die Grobstofflichkeit beginnen wir im Licht, in der Liebe, die wir auf ewig sind und durchwandern.

Unser Licht vergessend wandern, manche nennen es irren wir sehr lange durch die harsche Dunkelheit bis wir wieder ins Licht gehen.

Dazu möchte ich wiederholen:

Habe vor den Wesen Respekt auch wenn Sie respektlos sind. Das ist wichtig für Dich und für die Wesen. Mit Hass transformierst Du das Böse nicht.

Der Mensch der mordet und schlachtet, fühlt nicht was er tut. Selbst wenn er etwas fühlt, Gewissensbisse hat, so ist doch ein anderes Gefühl vorrangig. Er versucht einer Ordnung, die er erkennt oder erkannt hat zu folgen, er versucht einem Zwang oder einem Bedürfnis gerecht zu werden. Er ist sich der Liebe kaum oder viel zu wenig bewusst.

Es ist eine immense Kunst aus Not etwas Gutes zu machen. Für sich selbst und für Andere.

Was man den Tieren nicht sagen kann, kann man als Mensch verstehen.

Der Verlust von Form bedroht nicht das Leben, aber Niemand fürchtet um seine Form, sondern um Sich selbst. Du brauchst aber nicht um Dich selbst zu fürchten.

Dein Ich, dein Du ist absolut unbedroht und übersteht jeden Tod.

Und doch veränderst Du deine Ansichten, deine Gefühle.

Der Tod macht nichts was das Leben nicht auch tut.

Alle Welten und Dimensionen der einen Schöpfung und es ist nur EINE Schöpfung in der Alle Schöpfungen sind, sind heilig.

Du musst mit Dir auch in Abgründe gehen. Niemand kann sie bei Seite lassen. Bleib Dir treu. Das ist eine sehr hohe Kunst und trotzdem vergebe, vergebe ...

Liebe drängt sich nicht auf.

Liebe wirft nicht vor.

Liebe möchte verstehen und versteht.

Liebe engt nicht ein.

Liebe verbietet nicht.

Liebe zeigt und gibt ihre Schönheit ohne Gegenleistung.

Es gibt kein unnötiges Leben und keinen unnötigen Tod. Es gibt keine Sinnlosigkeit. Wenn Du Sinnlosigkeit empfindest, hast Du den Sinn noch nicht erkannt.

Eine ähnliche Methode wie das Liebes-Kessel-befüllen:

Viele Mediationsschulen lassen Dich äußerlich auf eine Kerzenflamme schauen.

Ich sage Dir warum.

Du bist Ewigkeitsliebesfeuer. Du bist Ewigkeitsliebeswärme. Du bist Ewigkeitsliebeslicht.

Du bist DEIN Ewigkeitsliebesfeuer, DEINE Ewigkeitsliebeswärme und DEIN Ewigkeitsliebeslicht.

Mit Liebe begann Liebe selbst. Mit Liebe begann Alles. Die einzige Wahrheit ist Liebe. Feuer hat die Grobstofflichkeit erbracht. Wärme hält sie am Leben, am Laufen.

Als der Mensch das Feuer heraus fand verhalf ihm dies zu einem enormen Bewusstseinssprung.

Die Wärme des Feuers bedeutet die gemeinsame Verbundenheit, rund um das Feuer zu sitzen, sich zu sehen, zu kochen bedeutet aufeinander zu schauen, sich umeinander zu kümmern. Feuer ist Wärme, Licht, Geborgenheit, wenn ich auf das Feuer achte.

Und wir haben nicht auf das Feuer geachtet. Wir haben es missbraucht. Wir haben total vergessen, was damals auch noch so immens wichtig war, als wir am Feuer saßen, ruhig, dankbar, voll ehrlicher, positiver Demut, abends und nachts.

Wir hatten das kleine Feuer in unserer Mitte, aber das grenzenlose Firmament des Sternenhimmels über uns.

Und wenn wir nachts nach oben schauten wurden wir noch demutsvoller, denn wir sahen in den Kosmos hinein. Wir spürten wie unendlich groß er ist und wie klein, wie

verletzlich, wie bedürftig wir hier beim Knistern unseres Feuers sind.

Und es relativierte unsere Sorgen für ein paar wichtige Momente lang. Es machte uns Mut uns mehr zu bemühen. Der Blick in die Sterne gab uns enorme Kraft und Würde. Wir wurden geläutert, ganz ohne Gold von Kirchen, ohne Symbole, ohne aufwendige Zeremonien.

Die positive, natürliche Dunkelheit ist viel zu vielem künstlichem, negativem Licht gewichen. Ein andächtiges, stilles, in Gedanken versunkenes, gemeinsames Sitzen um ein kleines Feuer gibt es in unserem Alltag nicht mehr. Ja, das hat auch etwas Romantisches an sich. In romantischen Momenten spüren wir Poesie. In solchen Momenten können wir

Schwingungen aufnehmen, die sonst kaum die Möglichkeit in uns finden sich uns zu zeigen.

Wir Menschen brauchen ganz hohe Ideale, Träume, Wünsche und Ziele, damit wir aktuelle negative Gewohnheiten und Verhaltensweisen verändern können. Das ist kein Scherz. Wahrheit beginnt in unserem Kopf. Jede Idee, jedes Ideal beginnt im Kopf und geht zurück auf Gefühle oder Gefühlen voraus.

Ein Kind kann mit seinem Hund zur Sonne fliegen ohne zu verbrennen und der Hund braucht keine Flügel. Das ist das Paradies.

Was wir als Erwachsenen belächeln, weil wir gelernt haben zu akzeptieren, dass der Hund nun mal keine Flügel hat und die Sonne zu heiß ist, wird für uns nach dem Aufgeben unserer Körperhülle sehr herausfordernd.

Alles was wir für echt erkannten auf die irdischen Dinge bezogen, ist dann, ohne Körper ein Wissen, was wir nicht brauchen und nicht mehr anwenden können.

Aber wenn Sie denken Drache, wird er da sein.

Und er wird sich verhalten, wie Sie denken, dass sich ein Drache verhält, denn in diesem Zustand der Energie, der Schwingung, IST was Sie denken. Das Gut-Denken ist eine wichtige Übung und eine Schwierige. Belächeln Sie das nicht. Durch Fühlen ziehst Du an was Du fühlst.

Wir Elben nennen das:

... uns im Spiegelbild unserer bewussten Essenz augenblicklich, ohne Zeit, ohne Verzögerung, ohne Verzerrung sehen.

Dann sehen Sie vielleicht zum Ersten Mal wirklich wie Sie und was Sie denken ...

Es wird Jedem Wesen geholfen in seinem Bewusstsein voran zu kommen. Niemand schmort ewig in einer Hölle, aber Jeder muss erleben, was er in Anderen ausgelöst hat.

Natürlich ist Jeder auch selbst dafür verantwortlich, soweit er kann, wie er mit den Taten eines Anderen umgeht.

Es gibt keinen Täter, der nie ein Opfer war und es gibt kein Opfer, das nie ein Täter war. Alles wird berücksichtigt. Wir machen Alle Alles richtig und Alle Alles falsch, es ist nur im wann ein Unterschied.

Glauben Sie nie ein Leben oder einen Gedanken zu klein, zu unwichtig.

Das Bewusstsein von dem wir hier sprechen ist sich immer Allem bewusst.

Zu schnell sind wir dieser Tage geworden, viel zu viel beschäftigt sind wir mit viel zu viel Unnötigem, was wir für nötig erachten oder das uns gekapert hat und wir nicht wissen wie wir uns selbst und unserem Selbst in all den Anderen entkommen können.

Wir haben nicht nur das normale Feuer schlecht gemacht, was heilig sein sollte, (Atombombe, Atomkraftwerke ...), sondern auch unsere Sexualität.

Auch hier wärmt unser Feuer viel zu oft nicht sondern zerstört. Für viele Naturvölker war Homosexu-
alität normal, sogar besonders. Es war ein emotiona-
les Können, eine Gabe, begleitet von einer besonderen Feinfühligkeit und Wahrnehmung und kein
Fluch, nichts Schlechtes. Es war gleichzeitig

möglich hetero – und homosexuell zu sein. Was es nicht gab, war, dass der Altersunterschied zu groß war, daher waren es grundsätzlich gleichaltrige Personen, die sich liebten. Es gab in den Stammesverbänden keinen Berufsstand, der Sex anbot, weil positiver Sex nichts mit Armut oder Erniedrigung oder Bezahlung zu tun hat, sondern mit Liebe. Negativer Sex ist eine Auslagerung von massiven Problemen, die auf diese Weise nicht gelöst werden aber noch zunehmen.

Sexualität ist Liebe, wenn sie zärtlich und im Einvernehmen ist. Sie ist romantisch. Auch für den Mann.

Sexualität ist eine Waffe und eine absolute Kriegserklärung, wenn sie übergriffig ist und als Ventil verwendet wird, um Aggression und Selbstwertprobleme los zu werden.

Wenn Du keine Dankbarkeit und keine positive Demut entwickelt hast, führt zu viel Geld zu vielen Problemen. Zuerst wirst Du gar nicht glauben, dass es Probleme sind, sondern vielmehr Freiheiten, die Du genießen kannst.

Aber Freiheiten sind keine Freiheit.

Wird der Reichtum auf Banketts gefeiert wird Sexualität zum Spanferkel, an dem man sich einfach bedient, egal wonach man hungrig ist.

Sex ist zu einem symbolischen Breitbandantibiotikum degeneriert und man nimmt ihn gegen Alles aber ohne Erfolg; gegen Langeweile, zur

Ablenkung, erhoffter Stärkung wegen, gegen Ziellosigkeit, gegen Einsamkeit, um sich zu spüren oder nicht zu spüren.

Sexualität ist ein Maßstab dafür, wie es einer Gesellschaft geht.

Und? Wie geht es uns, dem Kapitalismus?

Frieden kann nur bei jedem Einzelnen beginnen, weil Sexualität bei jedem Einzelnen beginnt.

Das bedachte Feuer muss wieder eine Geborgenheit schenken.

Sexualität muss heilig sein.

Die Methode ist Dir eine kleine Öllampe zu besorgen. Schaue diese Flamme bewusst an. Rieche das Öl. Fühle die Geborgenheit und die Einfachheit dieses Lichtes. Die ersten Lampen auf diesen Planeten gefüllt mit dem Lebertran von erbeuteten Walen spendeten Licht und Geborgenheit in den einfachsten Erdhöhlen. Dort in Sicherheit, Wärme und mit vollem Magen entdeckten wir viel von unserer Kreativität, unserer Poesie und Philosophie.

Nun ziehe diese Geborgenheit, dieses Gefühl und auch das Bild dieser Lampe über deine Mitte deiner Augenbrauen in Dich hinein und belasse es dort gedanklich und gefühlsmäßig.

Und erschrick nicht, wenn es leer zu sein scheint ...
... in Dir ...

Das wäre gut. Du bist nicht Leere aber Du brauchst einen leeren Ort und Zustand in Dir oder glaubst Du das die Fruchtblase in der Gebärmutter deiner Mutter eingerichtet war?

Abermals tust Du das Gleiche nur anders:

Ich ziehe aus meinem Schöpfungsfeuer oder in mein Schöpfungsfeuer ... aus meinen Schöpfungsgestirnen ... ... das was ich möchte; meine Angst vor dem Tod zu beenden; meine Liebesewigkeit zu erfassen; meinen Mann, der mich liebt und den ich lieben kann, mit dessen Art und Weise ich bestens zurechtkomme und er mit meiner, der Pferde haben will und Hunde, der den weiten Stand liebt und sich gut in mich hinein fühlen kann und ich in ihn.

Sei nur die Lampe, das Gefühl, dass so eine Lampe abends mit einem kleinen Raum macht. Sei nur dieses kleine aber so besondere Licht, das so eine besondere Atmosphäre erschafft.

Australien.

Die Ureinwohner Australiens haben früher als sie noch leben konnten wie Australiens Ureinwohner eine wichtige, bedeutsame Technik gehabt, sonst hätten wir Elben sie nicht.

Sie zogen herein in ihr KLEINES, ABER MÄCHTIGES, inneres Schöpfungsfeuer, aus ihren Schöpfungsgestirnen das Tier, welches sie als Nahrung brauchten und BATEN ES UM ZUSTIMMUNG UND ERLAUBNIS getötet zu werden, damit sie selber satt werden konnten.

Wenn ich für Jemanden Anderen seinen Elben-Liebeskessel befülle, dann sage und fühle ich auch:

wenn es zum Besten für diese Person ist und sie es ebenso will ... denn der freie Wille muss geachtet werden. Wir können davon ausgehen, dass Jeder das Gute will auch wenn er oder sie es noch nicht weiß. Ich befülle zum Beispiel den Elben-Liebeskessel von XY, mit

Zustimmung seiner, ihrer Seele und Zustimmung meiner Seele, zu seinem, ihrem Besten und zu meinem Besten ...

Wenn ich einen Mann oder eine Frau mit dem Grund mein Lebenspartner zu sein in mich aus meinem inneren Schöpfungsfeuer ziehe, dann ist es meine Pflicht zu wissen und zu spüren, dass besagte Person und auch dann, wenn ich sie nicht kenne, das auch will ... und es für uns Beide gut ist ... und daher kommt die Komponente des - um Zustimmung Bittens - dazu.

Je weiter zurück unsere Ahnen lebten, desto wichtiger war der nächtliche Sternenhimmel, das stationäre Feuer und das mobile Licht in der Hand, in der Behausung.

Es gibt sehr viele Menschen, die sich ab ihrer frühesten Kindheit in eine Schulung begeben und sich um die sechzig Jahre lang und meistens länger intensiv täglich mit solchen und ebenbürtigen Empfehlungen beschäftigen.

Es beginnt im Geist und endet nie.

Himmel, Hölle findet in Ihnen statt, in Ihrem Geist, in Ihrem Herzen.

Und Sie brauchen Ihren Geist um Ihrer Hölle zu entfliehen.

Und Sie brauchen Ihren Geist um ewig im Himmel zu verweilen.

Egal wen Sie wollen, dass Ihr Meister ist, Sie bauchen Ihren Geist dazu und ihr Herz. Das ist die eigentliche Bedeutung von Dualseele, die Zwillingsseele in einem Selbst. Sie können treffen wen Sie wollen. Sie selbst sind ihre Bestimmung. Sie bestimmen über ihre Bestimmung. Um betreffender Person das Beste von Ihnen, ihre Liebe geben zu können, brauchen Sie Harmonie zwischen Ihrem Geist und Ihrem Herzen.

Lassen Sie Ihr Ewigkeitsliebesfeuer niemals ausgehen. Du bist von Anbeginn an vollkommen. Deine dunklen Erfahrungen nehmen Dir deine Vollkommenheit nicht. Ewige Liebe ist der Urgrund unvergänglichen Seins. Die Seele ist das größte, ewige Liebesglück über sich Selbst und die Anderen und über die Liebe. Die Seele kennt keine Tragik. Der Tod bedroht nicht deine Essenz. Der Tod bedroht nicht dein innerstes Wesen.

Aus diesen Sätzen leitet sich ab was Du tun kannst und sollst. Lieben. Du heilst Dich mit Liebe. Du vergibst in Liebe. Du verstehst Alles in Liebe. Eine grauenvolle Tat, eine aggressive Krankheit kannst Du nur hinweg lieben.

Wenn uns unsere Eltern in einer für uns essentiellen Situation und Angelegenheit, als wir Ihre Nachsicht und Ruhe, Ihr Verständnis am Meisten brauchten in den Rücken gefallen sind, haben wir das Wichtigste im Zusammenhang mit dem Mensch-sein wahrscheinlich nicht gelernt.

Strafe hat einen enorm bitteren Beigeschmack und bleibt uns negativ in den Zellen. Schlechtem Verhalten mit Strafe beizukommen ist eine menschliche, sehr alte Idee, aber keine all zu Gute, eigentlich gar keine Gute. Es gibt weitaus bessere Ideen und sie werden besser je mehr sie mit Güte, sozialer Tätigkeit, mit Liebe zu tun haben.

Bleiben wir bei dem Konzept der Strafe, bleiben wir selbst geknechtet. Gott hat uns noch nie bestraft und wird uns niemals betrafen.

Man bleibt in seiner Idee von Strafe selbst stecken wie in Morast.

Niemand will das Böse.

Das Böse passiert sehr wohl wissentlich, aber nicht in einem hohen Zustand.

Wir bereuen alles Böse sofort, sobald wir nur ein bisschen mehr Bewusstsein haben und in den erweiterten Radius der Bedeutungen einsehen.

Daher ist die Lösung IMMER, die Liebe zu stärken, den Zusammenhalt aus der Asche zu heben, das Gute zu erkennen, was immer da ist und in Jedem ist, Vergebung zu fühlen und sie anstatt der Strafe sichtbar, erlebbar zu machen, nicht nur für den Täter, sondern auch für die Gesellschaft.

Frieden kann man lehren.

74

Frieden lässt sich lernen.

Ich muss Frieden als Erstes wollen auf meiner langen Liste. Ich muss Frieden vor dem Erdöl, vor den Bodenschätzen und so weiterwollen. Frieden bedeutet friedliche Lösungen für Alle Betroffenen zu finden.

Es wird Niemand bevorzugt, es wird Niemandem etwas abgenommen, aber Jeder bekommt Hilfe.

Die zweite Methode

Deine Eltern und die Gesellschaft werden versucht sein Dir Werte anzuerziehen aber Du wählst, wie Du Dich fühlen willst, wie Du sein willst.

Wir Elben haben eine wichtige Lektion erkannt. Wenn Du Dich grundsätzlich und aufrichtig bemühst, bist Du schuldlos.

Wenn Du mutwillig verschuldest, hast Du deine Liebesmitte in Dir noch nicht gefunden. Du umgibst Dich mit Schwächeren um Sie zu Opfern zu machen, damit Du glauben kannst, dass aus Dir ein toller Mensch geworden ist, besonders intelligent, begabt, korrupt, verwegen und wahrscheinlich bist Du das auch, nur nicht in deinem Innersten erfüllt, sondern ewig hungrig, ewig durstend nach Liebe und Geborgenheit, die Du glaubst längst übertroffen zu haben, was Du aber nicht hast und nicht kannst.

Du bist nicht schuld. Du bist nicht unvollkommen. Du bist nicht gefallen. Du bist frei und Du bist und bleibst ewig gebunden, abhängig von Liebe, vom Urliebeslicht der Freude, der liebevollen Gemeinsamkeit. Egal was Du dagegen unternimmst, es kann Dir nicht gelingen. Du kannst es Dir nur sehr lange selbst einreden, dass Du keine Liebe willst und keine Liebe brauchst, aber es stimmt nicht.

Es gibt keinen Druck, keinen Stress. Du kannst herum dümpeln wo Du willst solange Du willst. Du schuldest Gott nichts, gar nichts. Weder Gehorsam noch Enthaltsamkeit. Du liebst Gott von deiner Natur aus. Du kannst nur wählen zwischen deinem Bewusstsein darüber und deinem noch Nicht- Bewusstsein darüber.

Freier wirst Du nicht. Mehr Freiheit gibt es nicht. Denn Du bist was Du bist. Liebeslicht. Du hast Dich nicht gemacht. Die Liebe hat Dich gemacht und sie hat Dich gemacht nach ihrem Bewusstsein, nach ihrem Bestreben.

Wenn Du unbedingt schlecht sein willst, weil Du Dich gegen die Liebe auflehnen willst, weil Du denkst es gebührt Dir diese Macht, weil Du glaubst, durch den Gegensatz deinen freien Willen beanspruchen zu können, dann kannst Du das auf Erden so oft wie Du willst und solange Du Mitstreiter findest. Und wäre die Erde zerstört, gibt Dir die Liebe einen anderen Ort, wo Du sein kannst, wie Du sein willst. Du begrenzt deinen Willen. Nicht Gott. Nicht die Liebe.

Sie sind bestimmt Jemand, der nicht gebogen werden will, also biegen Sie Andere nicht. Ein Mensch ist nicht ein Mensch geworden, dass er von Anderen unter Druck geschmiedet, hingebogen und geformt wird, sondern weil er sich SELBER entdecken und finden und formen will.

Ein Frieden kann nicht aufgezwungen werden. Er muss ein Vorbild sein. Er muss sich von Strafe und Ablehnung und Verbannung unterscheiden. Er muss freiwillig gewollt werden, weil er so wunderschön, so immens eindrucksvoll ist und vor Allem deswegen, weil er von Natur aus das Gute hervorbringt.

Mit Frieden ist Alles möglich. Alles. Es gibt Techniken – Ihnen gehört Alles, wenn Sie Frieden verstanden haben.

Aber wir haben kaum noch eine Idee davon was Alles ist oder sein kann.

Wie leben wie ein Frosch in einem kleinen, hohen Brunnen.

Alles ist das Sternenfirmament, von dem er nachts einen Ausschnitt sieht, wenn er nach oben schaut. Und das ist ein winzig kleiner Ausschnitt.

Mit Gewalt bleiben wir in unserem eigenen Kerker. In und mit Gewalt ist unsere Reise meist kurz, eng oder sie wird es.

Liebe ermöglicht Dir geistig, astral zu reisen. Liebe ermöglicht Dir jeden Kontakt. Liebe bietet Dir Schutz.

Wenn wir gut werden sollen, muss uns Gutes passieren, gerade dann, wenn wir Mist gebaut haben.

Versöhnung ist die Aufgabe. Aber wie genau macht man das? Vor Versöhnung kommen Traurigkeit und Wut. Wer bringt uns bei mit diesen Emotionen umzugehen? Wie mache ich mir Hintergründe begreiflich?

Wir haben das Ausmaß der Größe dieser Aussagen noch nicht verstanden. Dieses Ausmaß ist auch nicht leicht zu verstehen, weil es so groß ist, so tiefgründig ist und wir im Kapitalismus, der die ganze Welt erreicht hat, so ein Ausmaß kaum wo spüren können und nicht gelehrt bekommen.

Die Bildschirme unserer Handys und Laptops sind zu klein und die Bildabfolge viel zu schnell.

Wir werden klein gehalten, mundtot. Wir sollen nicht erschaffen, wir sollen konsumieren.

Daher lernen unsere Kinder nur das Handwerk des Konsums.

Es gäbe ganz, ganz anderes Handwerk.

Du hast eine Dir innewohnende ewige Existenz. Liebe. Gott ist Liebe. Leerheit ist Liebe. Die Antwort auf die Frage ob Liebe aus sich Selbst heraus entstanden ist oder entsteht ist Ja.

Reduziere Dich nicht auf eine Form. Zeit wird zu deiner individuellen Formel. Irgendwann bleibst Du dann in einem Zustand aus Liebe, weil Du Liebe sein willst. Du bist Energie, Liebesenergie.

Lonshada:

Du musst Dich auf eine Suche begeben IN DIR.

Erst nach Beantwortung dieser Frage: Ab wann gibt es etwas, kannst Du manifestieren.

Wenn etwas aus deinem Bewusstsein fort ist, ist es für Dich nicht da, sonst würden nie die Kartoffeln anbrennen, nie die Milch übergehen.

Bei uns Elben begann das Bewusstwerden, das Du brauchst um Manifestieren zu können mit der Frage, ab wann gibt es etwas – FÜR MICH!

Du glaubst, eine Manifestation ist gelungen, wenn sie sichtbar für Dich ist. In Wahrheit bist Du permanent am Manifestieren. Etwas aufzulösen ist Manifestation.

Alles, wirklich Alles spricht zu Dir, sagt Dir klar was es ist, oft auch warum es ist.

Was verstehst Du am verschmutzten Wasser nicht?

Trink es. Vielleicht verstehst Du es dann besser.

Sichtbarkeit spricht.

Unsichtbarkeit auch.

Wie erschließt Du Dir Unsichtbarkeit?

Lonshada:

Stelle Dir selbst vier, fünf eher kürzere Fragen und bringe in ihren Antworten zum Ausdruck was Du denkst, empfindest und möchtest.

Fasse die Bibel zum Beispiel, wenn Du sie kennst in drei oder vier Sätze zusammen.

Fasse deine Religion in vier oder fünf Sätzen zusammen.

Das, worüber tausende Seiten geschrieben werden muss in ganz wenigen Sätzen zusammengefasst werden können.

Wie heile ich?

Was zerstört mich?

Was will ich?

Wie lerne ich?

Was versuche ich eigentlich?

Vielleicht aber ist es nicht die Fragestellung, ob es etwas gibt, über die wir eine wichtige Antwort finden, sondern welchen Zweck etwas hat.

Der Mensch wird zutiefst erschüttert von der Brutalität und Härte des Überlebens auf seinem Planeten. Und diese Erschütterung beginnt früh, als Kind. Die Wut der Tatsache, dass Einer sterben muss damit ein Anderer leben kann brachte viele Emotionen in uns auf. Viele diese Gefühle erfassen uns wie ein Strudel. Generation für Generation.

Das es Stärkere gibt und man sehr oft in Gewalt und mit Tücke der Stärkere ist braucht Sinnbilder, einen Zusammenhang.

Wir wollen von Natur aus nicht böse sein, aber auch nicht schwach, nicht der Schwächere. Die Geburt der bösen Geister und der zornigen Gottheiten begann und sie begann in unseren Köpfen und Herzen als der Versuch Alles zu begreifen.

Und uns fiel als erstes nur ein sie zu beschwichtigen, später dann gegen sie anzukämpfen, sie auszumerzen.

Wir sind gerne Helden. Wir sind gerne geliebt und umsorgt.

Ein denkfähiger Geist bringt lange immer Alle möglichen Blüten hervor, alle MÖGLICHEN Blüten und dem Universum ist es egal, ob dies richtige, gute, blöde, schreckliche, umständliche, perverse, hässliche Blüten sind.

82

Denn wir probieren uns aus und entscheiden was wir kultivieren.

Wir funktionieren nicht gut unter Druck und Unge- rechtigkeit, unter Ausbeutung und Lüge.

Das könnten wir bereits wissen.

Die Gesellschaft die sich verändern möchte muss zurückschauen, von wo sie kommt und verstehen, was in einem damals sehr gut war, was in einem aktuellen Heute nicht mehr so gut ist. Wir müssen verstehen, was passiert ist, in den Herzen und Köpfen der Menschen.

Da gab es einst einen Stamm. Das wertvollste und wichtigste waren die Schweine, denn sie konnte man essen. Sie wurden nicht verehrt, aber bekamen Namen und wurden gut behandelt.

Und wenn dann etwas geschah, eine Krankheit, ein Unfall, etwas Trauriges und Schreckliches ... dann glaubte man, dass die bösen Geister auf Jemanden böse waren und diese musste man beschwichtigen. Nur so konnte man das verstehen und nicht anders.

Die Menschen, die ein Unheil ereilt hatte begannen nachzudenken, warum die Geister wohl böse sein konnten.

Wenn Sie glaubten den Grund dafür gefunden zu haben IN IHREM EIGENEN VERHALTEN luden Sie alle anderen Stammesmitglieder zu einer großen Versammlung ein. Das Schwein wurde an den Beinen zusammengebunden und in die Mitte gelegt. Es war sozusagen der Altar, das Lamm Gottes.

Der Hauptbetroffene des Unheils begann als Erster über seinen eigenen Fehler vor Allen zu sprechen.

Es war eine öffentliche Beichte. Man öffnete sich und zeigte seine Schwächen, seine Verfehlungen, seine Obszönität.

Man wurde nicht unterbrochen. Es gab kaum Kommentare. Man wurde angehört. Es wurde zugehört.

Kinder hörten Erwachsene von ihren Fehlern sprechen, sie hörten Entschuldigungen.

Wenn man fertig war, begannen Andere von sich aus, ihre Abweichungen kund zu tun.

Man war ermutigt, man wollte auch beichten, sich um eine Schuld erleichtern.

Es wurde vergeben, es wurde verstanden, es wurde etwas gelernt.

Das arme Schwein wurde nicht sanft getötet, den sanften Tod für unsere Nutztiere haben wir bis heute noch nicht erfunden.

Das gemeinsame Essen aber verband. Die Menschen gingen positiv aus solchen Versammlungen trotz ihres Glaubens an böse Geister.

Wir können auf das Schwein verzichten, etwas anderes essen, nicht aber auf den Stamm und nicht auf das Sichtbar –machen.

Ein paar Jahre später kommt eine neue Blüte zum erblühen. Die gewagte Idee, dass wir errettet werden könnten von Einem, der das kann und der sich gegen das Böse stellt und selbstverständlich siegt, weil er ein Sohn ist wir kein Anderer, wie keiner von uns.

Und aus den vielen kleinen bösen Geistern wird ein großer Ultimativer.

Das ist eine Kunst. Reiche zu ersinnen, Rollen zu vergeben, Bestehendes zu hinterfragen und wenn wir eine bessere Idee, eine bessere Wahrnehmung haben als das Bestehende es auszutauschen.

Und so ist jede Religion eine Blüte des menschlichen Geistes. Sie Alle haben ihr Wirken und keine ist besser oder schlechter oder wahrer.

Sie sind was wir in unser inneres Schöpfungsfeuer aus unseren Schöpfungsgestirnen zogen.

Sie sind Alle wahr, weil sie entstanden sind durch uns und KEIN MENSCH BESONDERER ODER WICHTIGER IST ALS EIN ANDERER und das hat der Sohn Gottes natürlich gewusst, nur wir wissen es noch immer nicht.

Wüssten wir es, wäre Frieden. Würden wir tatsächlich einen Gott huldigen, der ein Kind hat, Kinder hat, dann würden wir sehr achtsam, sehr respektvoll mit seinen Kindern umgehen und sie nicht ans Kreuz nageln und ALL DIESE KINDER SIND WIR ALLE.

Aus der aufrichtigen Versammlung auf dem Dorfplatz wurden Kirchen mit Gold, Prozessionen, Ämter, aus der öffentlichen Beichte eine Einzelbeichte.

Die Menschen sehen sich in den Kirchen andächtig niederknien, aber wissen nichts mehr von einander.

Es wurde Hierarchie, wo es keine geben sollte, keine braucht.

Im Frieden braucht es keine Hierarchie.

Wir sind aus dem Stammeskontext gefallen.

Unsere Familien haben nicht die Größe eines Stammes und nicht die Durchmischung an Rollen und Gemütern.

Trotzdem ist unsere Gesellschaft zu groß, zu weitläufig, zu zersplittert.

Wenn man den Frieden andenkt so wird man die positiven Ideen, die Menschen hatten oder haben im Bezugsrahmen eines Stammes heranziehen.

Hatten Menschen früher Angst vor einem Wassergeist, haben Sie das Wasser nicht verschmutzt. Liebe ich Wasser, verschmutze ich es auch nicht.

Die Elben sind Alle ein Stamm, Alle Wesen sind in Wirklichkeit ein Stamm. Die Elben haben nur eine Religion, Liebe und Frieden. Jedes Mittel ist dazu recht, denn Liebe und Frieden haben nur schöne Zwecke und Mittel.

Der Fall aus dem Paradies, vorerst aus Gottes Gunst, aus dem Stamm war, ist Teil der Schöpfung. Und es ist auch kein Fall. Es ist eine Blüte, eine Erfahrung.

Die Idee der Liebe, dass der höchste Gott seinen einzigen Sohn zur Rettung der Menschen auf die Erde schickt als Mensch um von Ihnen die Schuld zu nehmen, die sein anderer Sohn, der Bruder sozusagen, Adam, verursacht hat ... um sie in eine Liebesewigkeit zu führen, ist Zeugnis einer großen Selbstreflexion, denn das Christentum entstand nach Jesus Tod und es hätte auch nicht entstehen können oder anders.

Denn war es Plan, dass es entstand, dann ist Alles Plan, inklusiv böser Geister und Engel. Sie haben eine Rolle, eine Funktion und Jeder kann sie in seinem eigenen Leben auf eine Funktion verweisen, auf eine Funktion, die Ihnen den Wind aus Ihren Segeln nimmt oder nicht.

Ich muss keine bösen Geister huldigen. Ich muss nicht dem Kampf huldigen.

Ich kann die Dinge, die mir Angst machen, die mir übermächtig erscheinen auch mit guten Geistern besetzen. Ich kann das Schlechte ins Licht drängen, es veranlassen, dass Gutes daraus wird.

Wichtig ist, dass ich trotz Bösem, Schrecklichem, Gutes tue und das tat Jesus.

Jesus hat eine Schwingung gebracht, eine Schwingung verkörpert, uns Bewusstsein geschenkt und wir haben daraus gemacht was wir daraus gemacht haben.

Wir haben aus der Technik, aus dem Kapitalismus, aus Amerika gemacht, was wir aus ihnen gemacht haben und nur wir können das ändern.

Gott wird es nicht für uns ändern. Dann hätten wir uns nicht zu bewussten Menschen entwickeln brauchen.

Ab wann gibt es etwas?

Wenn Du etwas erdenkst, ersinnst, es mit Gefühlen bestückst, dann gibt es diese Energie und Energie kann sich in jede Form schwingen.

Und dennoch wird es nie etwas Anderes geben als uns selbst ... in aber trillionen unendlichen und mehr Versionen.

Du bist variabel rund um dein Urliebeslicht. Du bist Ewigkeit und Bewegung und Du bist immer das WAS DU DARAUS MACHST, DENKST und vor Allem FÜHLST.

Gott hat uns gefühlt. Am Anfang war das Gefühl.

Erst danach kam das Wort.

Welche Worte brauchst Du um Positives zu fühlen?

Angenommen, Du sollst Dir einen kleinen Kreis legen oder aufmalen, Dich hineinstellen und Positives fühlen, wie Freude, Dankbarkeit, Vertrauen, Liebe, positive Gewissheit, Gesundheit, Leichtigkeit, Verbundenheit ... wie machst Du das, wie kommst Du zu diesen Gefühlen?

Du musst sie in deinem Magen spüren, auf deiner Haut. Deine Gesichtsmuskeln müssen sich entspannen.

Wie machst Du das?

Fühlen ist Manifestation.

Mache jeden deiner Atemzüge, jeden deiner Momente zu deinem Ziel, zu deinem positiven Ziel. Und zusätzlich, während Du fortlaufend immer am Ziel deiner selbst bist steuere auf ein weiter entfernteres Ziel deiner Selbst zu.

Wir Elben sind immer am Ziel. Und das ist sehr wichtig.

Das Leben ist aufwendig, es ist anstrengend. Sei trotzdem glücklich mit dem was Du hast da wo Du bist und liebe mehr noch als Du liebst. Du wirst manifestieren lernen.

In Verbitterung lernt man gar nicht oder sehr schlecht.

Wir verfehlen, wir sind hilflos, wir treffen schlechte Entscheidungen, wir können Vieles nicht und das ist normal, das ist bei Jedem so, auch deswegen sind wir auf der Erde.

Das müssen wir erst einmal verdauen, wir sollten es nicht zu leicht nehmen aber zu schwer auch nicht, denn wie weit kann man gehen mit einer zu schweren Last?

Man muss lachen können auch wenn es wirklich beschissen und schwierig ist.

Wenn Du Etwas gibst, gib es frei, binde es nicht an etwas, was ein Anderer, dem Du gegeben hast deiner Meinung nach darauf hintun sollte. Tue die Dinge für Dich. Tue sie aus deiner Überzeugung, aus deiner Richtigkeit heraus.

Du musst Dir angewöhnen in jeder Situation dein Bestes zu geben.

Höre auf an Unheil, an Fluch, an schlechte Konstellationen und der Gleichen zu glauben. Dieser Glaube führt weg vom Liebeslicht.

Folge dem Weg der Liebe, willst Du glücklich sein und das kannst Du sein.

Verschiebe dein Glück nicht auf ein später, wenn irgendetwas eingetreten ist, was Du haben willst. Es muss Dich schon glücklich machen, dass Du es haben willst.

Das, was Du jetzt Leben nennest, ist wie ein kurzer Ausflug.

Das macht nichts.

Nichts vom dem, was in diesem Ausflug passiert oder nicht, schädigt Dich nachhaltiger oder länger andauernder, denn dein Licht bahnt sich den Weg.

Dein Glück und deine Liebe sind unaufhaltsam. Du kannst überall, in jeder Feingradigkeit und in jeder Grobgradigkeit fühlen.

Verstehe, dass das, was Du jetzt Leben nennest, mehrere Teile hat. Akzeptiere sie Alle. Sie gehen nicht weg, wenn Du sie nicht akzeptierst.

So gibt es einen Teil, der verwundbar ist und einen anderen Teil der Alles heilt. Das gehört noch zu unserer Gesamtheit. Aber es kommt eine ewige Zeit, in der Du nicht mehr verwundest.

Leide nicht darunter, dass das, was Du jetzt Leben nennst, ist wie es ist. Es geht weiter, es wird besser, je liebevoller, je gütiger Du wirst.

Die Weisheit aller Sphären, der Zusammenhang aller Dinge, die Einheit allen Lebens, alles wird zu Dir kommen und Du wirst es verstehen. Liebe.

Dieser Ausflug, den Du Leben nennst beginnt immer an einem Punkt auf der Erde und endet immer an einem Punkt auf der Erde. Aber das ist gar nicht das Entscheidende. Diese zwei Punkte sind eigentlich zwei Kurven. Du gehst in einem Haus namens Ewiger Kosmos herum und ein Zimmer davon ist Planet Erde. Es zählt welche Gefühle, welches Ergebnis, welche Erkenntnis Du mitnimmst in dein anderes Hier, in dein anderes Sein, das Dir öfters erst wieder einzufallen scheint, wenn Du in ihm bist.

Aber es fällt Dir ein, es fällt Dir auf, Du erkennst es dann. Du gehst nicht, nie verloren und Du irrst nicht herum. Wenn Du um Hilfe bittest wird Dir geholfen. Am aller Meisten von Dir selber, von deiner Seele. Kannst Du das verstehen?

Das bedeutet Du wirst alles tun, was Du kannst und Du kannst alles tun, was Dir hilft oder helfen wird. Auch wenn dies bedeutet Dich durch viel temporäre Dunkelheit zu arbeiten bevor Du im Licht sein willst.

Da die Seelen Alle das gleiche Urliebeslicht sind, in ihrer höchsten Liebe gleich sind, helfen Sie Dir Alle zum höchsten Prozentsatz, aber Du kannst dies verschieden wahrnehmen. Wenn Du Dich an die Seele, egal von wem wendest, wird sie Dir helfen, aber sie hat viele Möglichkeiten Dir zu helfen. Damit ist ausgesagt, dass Du an keine falschen Umstände geraten kannst, es sei denn Du glaubst an solche und spürst die Bedeutung des allumfassenden Urliebeslichtes nicht. Gott ist allumfassendes Urliebeslicht.

Nichts, Niemand kann ohne Urliebeslicht existieren. Die allerhöchste Liebesebene ist immer gegeben. Du bist immer ein Ganzes und trotzdem macht ein bestimmter Teil von Dir die Reise durch die Dunkelheit.

Du kannst keine Existenz im Grobstofflichen haben ohne gleichzeitig eine im Feinstofflichen und im Formlosen zu haben. Jeder, der stirbt, hat vor dem in Kraft treten seines Karmas eine Erfahrung mit dem Urliebeslicht. Karma ist eine Schulung. Karma ist unsere Sicherheit in diesem Unterfangen. Wir haben Alle dem Karma zugestimmt. Daraus ergibt sich die absolute Wahrheit, dass wir Alle gleichwertige, höchste Individuen sind. Wir sind Alle Alphas, unsterblich, unbegrenzt, allbewusst, eins mit Gott und doch individuell. Die Natur deines Geistes räumt Dir in einer absoluten übergeordneten Unverwundbarkeit jeden Platz ein. Welche Idee hast Du von Dir selber?

Wir vergessen dann sehr oft das Urliebeslicht wieder und werden wieder an es erinnert, bis wir es nicht mehr vergessen. Das ist Leben.

Es unterliegen nicht alle geistigen Reiche (oder Ebenen) der menschlichen Physik. Du hast noch viel mehr Sinne als nur jene der Grobstofflichkeit.

Es gibt nur ein Ziel. Frieden. Wenn Du nach Geld strebst, willst Du in Dir eigentlich Frieden, wenn Du nach Macht strebst, willst Du eigentlich deinen Frieden, wenn Du einen Widersacher ausschaltest, willst Du Frieden in Dir. Du folgst deiner eigenen Gerechtigkeit, die Du selbst definierst und erfindest. Du glaubst damit zu deinem Frieden zu kommen. Und ja, ... dein Weg kann lang sein, sehr gewunden aber Du wirst deinen Frieden finden.

Frieden bedeutet kein Tod, kein Leid, keine Schmach, keine Angst, keine Zerstörung, keine Trennung, kein Opfer, kein Täter.

Das Leben woraus Du den Ausflug auf die Erde machst ist Liebe.

Alles was nicht Liebe ist, ist dein Ausflug in die Nicht-Liebe.

Vertraue dem, was ist und dem, was nicht ist, scheinbar nicht ist.

Das ist das Einzige was Du JETZT tun kannst. Alles Andere braucht Zeit.

Vertraust Du dem Leben nicht, dem Tod nicht, Dir nicht, den Anderen nicht, dem Göttlichen nicht – wie sollst Du Dich dann fühlen?

Ich meine das wirklich ganz ohne Zynismus. Elben haben keinen Zynismus.

Vertrauen Sie in das was geschieht, rund um Sie, mit Ihnen, mit Anderen, auf der Welt, im Weltall.

Zuerst muss ich anerkennen was (scheinbar) ist ... und ist es nicht das, für was ich es halte, so muss ich es dennoch anerkennen. Zuerst kommt mein Anerkennen, völlig egal was es ist und warum. Erst dann kann ich die Richtung ändern.

In einem Sturm mitten am Meer nützt es nicht zu schreien und nicht am Meer sein zu wollen. Durch diesen Widerstand verpassen Sie konzentriert zu sein. Erst wenn Sie das Wasser, den Wind anerkennen und sich zentrieren, können Sie das Beste aus der Situation machen.

Und es gibt nie, in Nichts darüber hinaus eine bessere Option als das beste aus Allem zu machen.

Reden Sie sich nie ein, dass Etwas verloren, umsonst, hoffnungslos ist.

Nehmen Sie Alles einzig zum Anlass für Gutes.

Du bist dein Ziel. Immer.

Du willst ein Gefühl.

Du willst ein Gefühl für Dich, von Dir.

Wenn Du weißt, dass deine Absicht gut ist, dass Du verstehen willst, statt vorzuwerfen, dass Du nicht verletzten willst, dann kannst Du Dich immer auf Dich verlassen, dann kannst Du Dir immer vertrauen.

Lonshada ist ein Zustand, ein Gefühl, eine Weisheit, eine Freude.

Manifestieren beginnt MIT SICH IN SICH.

Die zweite Methode:

Ich stelle mich geistig in die Mitte aller Kosmos-völker der Liebe und des Herzenlichtes um absolut gesehen zu sein. Alle sehen mich, Alle hören mich. Ich forme mit meinen beiden Handinnenflächen eine kleine Schale. Ich formuliere geistig oder laut ein Problem und lege es symbolisch in meine Handinnenflächen hinein. Ich spüre, eine Energie in meinen Händen.

Diesmal verwende ich auch die Verneinung, wenn ich will; Ich kann dieses und Jenes nicht; ... Dieses und Jenes ist noch nicht eingetreten und ich leide immens dadurch ...

Dann versuche ich mein Problem zu lieben. Ich versorge es mit einem Gefühl von Liebe. Und ich spüre diese Liebe. Funktioniert das nicht, muss ich mich erforschen, wie ich das tun kann. Ich kann zum Beispiel zu Situationen, in denen ich geliebt habe geistig zurückgehen und meine Liebe spüren.

Dann liebe ich mich FÜR mein Problem, für meine Unfähigkeit. Auch das muss ich spüren. In dieser Übung ist sehr viel Heilung enthalten.

Ich kann auch einen Wunsch in meine Handflächen legen. Dann liebe ich meinen Wunsch und mich für diesen Wunsch.

Dann übergebe ich dem Universum in einem Gefühl von tiefem Vertrauen und positiver Demut den Inhalt meiner Handinnenflächen. Dazu halte ich meine Hände etwas nach vorne und in meine Gesichtshöhe. Danach bedanke ich mich und fühle meine Dankbarkeit.

Wir Elben nennen dies beten.

Es geht genau so wenn Du für Jemand Anderen betest, um Hilfe betest.

Du legst die Sorgen, den Kummer, die Krankheit dieser Person in deine Handinnenflächen. Du spendest den Sorgen, dem Kummer, der Krankheit Liebe.

96

Dann liebst Du diese Person FÜR ihre Krankheit, mit ihrer Krankheit, trotz ihrer Krankheit, trotz ihrer Probleme.

Hast Du deine Liebe gespürt ... reiche dem Universum symbolisch deine Handinnenflächen. Du hast das Höchste getan was Du tun kannst.

Wenn Du nur das Licht willst, musst Du in Allem Licht sehen, musst Du überall Licht sehen, fühlen.

Lonshada ist ein Bewusstsein. Es hat mit Sicherheit noch viele andere Namen. Es ist in sehr viele Lehren, Geschichten, Legenden Stammesweisheiten, Religionen, Bräuchen, ect. eingewoben. Ich habe es immer wieder angetroffen. Es ist wie ein goldener Faden, der sich durch Alles zieht. Doch nun war wohl die Zeit reif. Dieses Buch habe ich genau so gespürt und ziemlich rasch niedergeschrieben.

Mein Schreiben, mein Finden, mein Reifen, mein Lernen geht weiter.

Und Lonshada gab mir schon den nächsten Impuls; Fragen zu beantworten, persönlich. Schauen wir, was daraus entsteht.

Susanne Hasengruber (Ai Fava)

Ich, geb. 1972, interessiere mich schon seit langem, was friedliche Kulturen ausmachte und ausmacht. Friedliche Beziehungen zu Mensch, Tier und dem Mystischem ruhen auf einem speziellen geistigen Fundament. Mein Leben hat mich mit einigen spirituellen Anschauungsweisen sehr nahe e-bracht.

Der Elbencode ist nichts Neues. Er läßt sich auf die eine oder andere Weise in allen Religionen finden. Ich habe ihn für mich geschrieben, weil ich ihn dringenst brauchte. Dann brauchten ihn Freunde. Elben sind für Manche gute Phantasiewesen. Für Andere nicht. Im sogenannten Elbenkessel ist, was Du entscheidest das Du hineingibst. Das ist immer dein Ausgangspunkt. Du musst deine Gedanken und Gefühle nicht an das Außen rund um Dich anpassen. Du musst wissen wie Du sein willst. Erst recht, wenn Alles eskaliert. Für mich sind die Elben eine energetische, absolut positive Qualität.

Dieses Büchlein hier entstand Anfang 2020 als ich daran war, den ersten Band meines großen Buches „Die Geschichte vom Einhorn" fertigzustellen. Der Name Lonshada kam mit dem impulsartigen Wissen, dass ich eine ganze neue Art, die der Elben, in meine Geschichte einbauen musste. Lonshada bekommt eine eigene Buchreihe und der Elbencode eröffnet sie sozusagen.

Das eigene Leben bewusst zu formen ist ein Grundbedürfnis.

Mein Künstlername ist Ai Fava.

Fadi Alhakim (Illustrator)

 Geboren am 25.07.1982 in Damaskus, Syrien, syrischer Staatsbürger, seit September 2015 in Österreich.

Ausstellungen:

2019 Zeichnungen für den Drehort eines Werbevideos der Bank Austria
2019 Ausstellung - "Gemeinsamkeiten der Gegensätze" - Galerie Lumina (1070 Wien)
2018 Ausstellung - GCP Rechtsanwälte (1010 Wien)
2018 Ausstellung - "Lebensdetails" (1140 Wien)
2017 Teinahme an "Kreatives Tullnerbach"
2017 Ausstellung - "Weißer Stift" im Rathaus von Pressbaum
2015 Teilnahme am Projekt Beirut (Libanon)
2000 - 2011 Einzelausstellung und Teilnahme an sechs Gruppenausstellungen (Syrien) mit Bildern (Ölfarben, Pastellkreide, Kohle und Bleistift), Relief und Arabische Schrift
1997 - 1988 Fünf Ausstellung an Schulen in Damaskus

Studium:

2017 Malerei an der Universität für Angewandte Kunst in Wien
2013 - 2015 Malerei an der Kunstakademie - Damaskus
2010 Reliefkurs
2006 Grafikdesignkurs

Berufserfahrung:

2002 - 2012 Selbständige Arbeit in Syrien, Libanon und Irak:
Malerei: Portrait-Zeichnungen, Sonderwünsche
Bildhauerei: (Häuser und Gärten) Relief, Statuen, Springbrunnen Häuser und Gärten
Dekoreinrichtungen für Restaurants, Firmen, Wohnungen
Grafikdesign, Logos (Konzept und Entwurf)

Sozialarbeit:

2016, 2017 Gründungsmitglied des Vereins "helft uns helfen", der als humanitäre und soziale Organsation unterstützt und hilft
2002, 2003 Freiwilliger Mitarbeiter in einer Organisation für Kinder-Kreativitätsförderung in Damaskus (Syrien)

fadi.alhakim@outlook.com